今あるもので「あか抜けた」部屋になる。

Arai Shima
荒井詩万

sanctuary books

ＳＮＳを見て
「わ〜！　すてきな部屋！」と
思ったり。

テレビの部屋特集を見て
「こんなお部屋にしてみたいな」
と思ったり。

けれどわが家を見渡すと……
せまいし。
賃貸だし。
というか、変えるなんて
やっぱりめんどくさい。

でも大丈夫。
初心者でもかんたんにできる
部屋づくりの方法、 教えます。

はじめに

この本は「センスがなくても、今あるモノであか抜けた部屋をつくれる本」です。

センスがなくても？　新しいモノを買わなくても？

はい。大丈夫です。なぜなら、部屋づくりにはルールがあるから。ルールとはいわゆる方程式。でも学校や家庭で、そのルールを教わる機会はほとんどないですよね？

だからあなたは知らないだけです。


私はインテリアコーディネーターの荒井詩万と申します。少しだけ私の話をさせてくださいね。

中学生のとき、初めて1人部屋をつくってもらいました。それまで弟と同じ部屋だったのでもううれしくて、家具の配置はどうしよう？　何を飾ろうかな？　とウキウキした気持ちになったのを、今でも覚えています。

高校生の頃は、いいなと思ったエスニック柄のラグをお年玉で買ったり、パンクバンドのポスターや、フリーマーケットで見つけた古いタイプライターをなぜか飾ったりしました。今考えると謎なインテリアですね（笑）。お世辞にもセンスがいいとはいえない感じです。でもそれからずっと、趣味は部屋の模様替え。

月日は流れ、大学を卒業し設計事務所で秘書として働いていたある日のこと。やっぱりインテリアに関わる仕事をしたい！　と思い、スクールに通います。それからはインテリアコーディネート一筋。猛勉強をして、失敗をくり返し、経験を積んできました。

最初は「友人宅の椅子をひとつ選ぶ」ことからキャリアをスタート。今ではフリーランスのインテリアコーディネーターとして、個人の戸建住宅やマンションのコーディネート、リフォームなど、150件以上を手掛けています。また、インテリアスクールや大学での講師、自宅インテリアレッスン、さまざまなセミナー開催を通して、今まで4000人以上の方にインテリアのノウハウを伝えています。

たくさんの人と話をしてきて私が痛感したこと。それは「私にはセンスがない。だから部屋がすてきにならない」と、あきらめている人が多いことです。もうこれは、残念で仕方がありません。

ここで、ひとつだけ覚えておいてほしいことがあります。

それは、最初からセンスがいい人なんて存在しないということ。この仕事をしている私でさえ、最初からセンスがあったかと聞かれると……微妙です。

だって先ほどお話しした初めての1人部屋。どう考えてもイマイチですよね？　それもそのはず。当時はルールなんて何も知りませんでしたから。

冒頭でお伝えしたとおり、部屋づくりにはルールがあります。それを知れば「だれでも」「かんたん」にあか抜けた部屋に変えられます。

だから「センスは生まれつきのもの」なんて、大いなる勘違い。極端にいえば、最初からセンスなんてないほうがよいと思うくらいです。

なぜなら先入観のないほうが、ルールの吸収が早いから。何も知らなければ知らない人ほど、フットワークが軽く、見違えるほど部屋がおしゃれになっていくのです。ルールを知ると、もっといいことがあります。

できるだけお金をかけない。これができるようになることです。

「インテリアはお金がかかる」と言う人は、おしゃれにするなら、イチからやり直さないといけないと感じています。でも、それも思い込み。ルールを知れば、お金をかけなくても部屋はおしゃれになります。

この本を読んで、1人でも多くの人に、部屋が変わる感動を体験してほしい。

そして家で過ごす時間こそが、最高の贅沢であることに気づいてほしい。

だって、家は自分自身を映し出す鏡。

部屋が変わればあなたも変わります。

さあ、あなた史上最高の部屋へと変えていきましょう！

CONTENTS

第2章 部屋があか抜ける20のルール

第3章 今よりあか抜ける場所別のルール

第4章 失敗しない購入のコツ

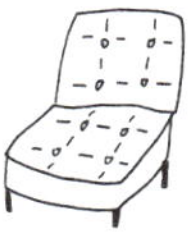

第1章

あか抜けた部屋とは何か？

どうして部屋づくりはうまくいかないのか、あなたの疑問にズバリ回答します。

みんな部屋をどうしていいか、わからない

「部屋に関する悩みはなんですか？」

こんなふうに聞くとだいたいの方がこう答えます。

「なんですか？　って言われても……。とにかくイマイチなんですよね」

どこがイマイチなのか、理由をたずねると
「ん〜。よくわからないけど、なんかイマイチなんです」

やっぱりみなさんこう答えます。そして次にこう言います。

「イマイチなのはわかってるんです。でも何をどうすればいいのかわからないんです」

と。

家族みんなでテレビを見たりゲームをしたりしたい。でも手狭でゆったり楽しめないとか。

気に入って買った絵を飾ってみた。でもなんだかしっくりこないとか。

リラックスできる部屋にしたくて観葉植物を置いてみた。でもやっぱり落ち着かないとか。

こんなふうに「こうしてみたいな」という願望はなんとなくある。でも、具体的に部屋をどうすればいいのかわからず、**結局そのまま何もできずにいる人がほとんど**。これが現実です。

雑誌やネットの部屋づくり特集で、よくこんな言葉を見かけます。

「ライフスタイルに合わせた部屋づくりをしましょう」

「テイストをそろえましょう」

「まずは理想の部屋をイメージして」


はっきりいって、これは上級テク。部屋づくりを考えたことがない人にとっては、かなりハードルが高いと思います。

そもそもライフスタイルって何？　テイストをそろえるってどうすればいいの？

理想の部屋なんて言われても……という人もいるはずです。


長年、個人邸のインテリアコーディネートをし、さまざまな場で部屋づくりのことをお話ししてきた私が感じる、多くの人のリアルな気持ち。

それは

理由はわからないけど、部屋がイマイチ。
でも、何をどうすればいいかわからない。

シンプルにこれにつきると思います。
イマイチという部分は、人によっては「ごちゃごちゃ」「ちぐはぐ」「さみしい」という言葉のほうがもっとしっくりくるかもしれません。

▼「なんとなく」がすべての原因

多くの人が陥るイマイチな部屋。これには共通の原因があります。
なんだと思いますか?

それはズバリ
「なんとなく」

です。

たとえばあるお客様との会話。

私「この置物はどうしてここに置いているのですか？」

お客様「ん〜。なんとなく」

私「どうしてこのテーブルを選んだのですか？」

お客様「……なんとなくですかね？」

そう。この曖昧《あいまい》さを象徴する「なんとなく」という感覚。これがイマイチ部屋の真犯人です。

「なんとなく」になってしまうのは当たり前のこと。

なぜなら部屋づくりってだれにもやり方を教わっていないから。知らないなら、感覚に頼るしかありません。

たとえばリビングを構成する、ソファ、テレビ台、カーテン、照明、ラグ、クッション、小物、壁に掛けた絵、観葉植物……などなど。

これらは、どこのお家でも見かけるモノ。けっして珍しいモノではありませんよね。

それなのに、部屋はどうしてイマイチになるのか。

その理由はやっぱり「なんとなく」の感覚でいるからです。

なんとなくテレビ台を置いているから。

なんとなくソファを置いているから。

なんとなく絵を飾っているから。

だから、部屋全体もなんとなくイマイチになってしまうのです。

どんな部屋でもあか抜ける

この本では、部屋があか抜ける20のルールを紹介しています。

この20のルールは「なんとなく」をやめる方法ともいえます。

部屋づくりのルールは、数学や化学でいえば、法則や定理、公式のようなもの。普遍的なものですから、どんな状況でもこの法則をあてはめられます。こんがらがった問題も、すっきりと整理され、答えを導くことができるのです。


ルールを知るとこんなメリットがあります。

❶失敗しなくなる

何度もやり直すこと、失敗をくり返すことがなくなります。なんと言っても、部屋づくりが楽しくラクになります。

❷時間がかからなくなる

配置や飾り方に試行錯誤する時間が減ります。短い時間でセンスよく仕上がるようになります。すっきりするので片付けや掃除の時間も短くなります。

❸お金のムダ遣いが減る

部屋に合うモノがわかるようになります。買うべきモノがわかり、お金のムダ遣いが減ります。「かわいい！　でもこれはわが家には合わないな」という判断ができるようになります。

❹ストレスが減る

モノや色が多くごちゃごちゃした部屋は、情報が多く疲れやすいといわれます。部屋が洗練されると精神的にも落ち着きます。

❺人を呼べるようになる

気張らずに、いつでも人を招くことができるようになります。人を呼べると自分の自信にもつながります。

どうでしょう?

いいことづくしではないですか?

〝自分らしさ〟はルールのあとにやってくる

感覚に頼るよりも、まずはルールから始めましょうとお話しすると、こんな反応があるかもしれません。

「それでは自分らしさが、出ないのでは？」

「私はもっと個性的な部屋にしたい」

「ルールなんて面倒！」

その気持ちはよくわかります。

自分の感覚で、好きなモノを好きなように配置して、満足できればＯＫです。だから、ルールに縛られる必要なんてありません。

でも今の部屋、100％満足していますか？
もしそうではないとしたら……。
「感覚的に」「個性的に」「自由に」部屋をつくってきたこと。それが満足できない部屋になっている原因だと、私は思います。

今の部屋、なんとなくイマイチだと思っているなら、まずは基本のルールを試すこと。

自分らしさを出すのはその次のステップです。
なぜなら自分らしさとは、ルールを知れば、おのずと出てくるものだから。

料理も同じです。基本のレシピを知っているからこそ、アレンジをきかせることができる。

音楽だってメインのメロディがわかるからこそ、ハモれるわけです。

ルールを無視して、個性を打ち出そうとすることと、ルールを知ったうえで、それを応用していくこと（個性を出すこと）は、明らかに違うものです。

どんな分野でも、自己流で極めてしまう天才がいますよね。でもそれは例外中の例外。ふつうはなかなかうまくいかないものです。

部屋づくりも同じ。

まずはだまされたと思って、ルールに乗っかってみることから始めてみましょう。

ルールどおりにやってから、アレンジを加えて個性を出していく。それがいちばん効率的。そして最終的にはそれが、あなたらしいあか抜けた部屋をつくるための近道にもなります。

無理な条件の家は存在しない

「ルールが大事と言われても、わが家はそもそも条件的に無理」

こういう人も多いですよね。

部屋がせまいから、賃貸だから、子どもがいるからなど、みなさんいろんな悩みをお持ちです。

私は今までたくさんのお宅を見てきました。

家族構成、部屋の広さや間取りなど、条件は本当にさまざま。さらにインテリアの好みだってセンスだって、それぞれです。

でも、どんな部屋でも、変えられなかったことは一度もありません。

この間伺ったお宅でも、模様替えをしようとしたら、

「たぶんわが家はあまり変わり映えしないと思いますよ?」

と半信半疑の様子。

でもルールにのっとってやってみたら、

「わぁ、ぜんぜん違う! 何も買ってないのに変わりましたね」

と喜んでくださいました。

「どうせわが家は変わらない」というのは大いなる思い込みのケースがほとんどです。

よくある思い込みの代表例をあげてみますね。

ケース❶ 部屋がせまい

「うちは部屋がせまくて……」
ダントツで多い悩みです。
おしゃれな部屋は広くないとできないと思っていたら、それは思い込み。なぜなら
せまい部屋は広く見せられるからです。

たとえば、背の高い家具を手前に置いて、背の低い家具を奥に置きます。すると遠近法により、奥行きが生まれて部屋が広く見えます。こんなふうに少し工夫するだけで、部屋は広く見えます。

それにみなさん「せまい、せまい」と口をそろえるのですが、じゃあいったいどれくらい広さがあったらいいのでしょうか？　結局、理想的な部屋の広さなんて、あってないようなもの。逆にせまい部屋のほうが少しのアイテムで、変化が出ます。そのほうがムダがないと思いませんか？

ケース❷　賃貸である

「賃貸だからあきらめてます」

これもよく聞く声です。

「それでは家を購入する予定はありますか？」とたずねると「いや、今のところ考えていません」とか「いつかは買いたいと思っています」という曖昧《あいまい》な答えが返ってきます。

とくに具体的な購入の予定もなく、妥協したまま暮らすのは、本当にもったいない話です。賃貸でもできることはたくさんあります。

ケース❸　お金をかけたくない

家の中は基本的に人には見せないし、あまりお金をかけたくない。

これも多くの人の本音だと思います。

服と違って、家具や照明は単価が高い。失敗したときのショックも大きいですからね。でもこの本で紹介する基本のルールは、どれも〝今あるモノ〟でできることばかり。買うとしても、少ない出費ですむモノを中心にお伝えしています。

それにどこのお宅でもそうですが、わざわざ買い足さなくても、部屋をあか抜けさせてくれるお宝アイテムがあります。みなさん、それにまったく気づいてないし、生かし切れていません。最近模様替えをした数件のお宅でもそうでした。見渡すと、すてきな照明や絵があるのにまったく効果的に使えていない。今あるモノの置き方、飾り方を変えただけで、ずいぶんと印象が変わりました。

ケース❹　子どもがいる、ペットがいる

「うちには小さい子どもがいるのでね……」

「猫がいて飾るのはもうやめました……」

こんなあきらめ顔のお客様とも、数多くお会いしてきました。

たしかに子どもやペットがいるとおもちゃやペットグッズが増えて、見栄えがいい状態からどんどん離れていきます。

でもルールを知れば、見せたくないモノを上手に隠しつつ、雑多な部屋にならないコツがわかります。

まだあきらめるのは早い！　ですよ。

あか抜けた部屋とは、いったいどんな部屋なのか

〝あか抜ける〟とは洗練されたとか、野暮ったくないという意味。あか抜けた部屋を、〝おしゃれな部屋〟〝センスのいい部屋〟と言い換えてみてもよいと思います。

この本のタイトルでもある〝あか抜けた部屋〟とは何か？

この質問に対して、長年、インテリアコーディネーターとして活動してきた私が出した答え。

それは**見るべきモノが明確な部屋**です。

それに対してイマイチな部屋とは、
どこを見たらいいのかわからない部屋です。

リビングに入った瞬間に
「あ、すてきなお花が飾られているな」とか、

「居心地のよさそうなソファ！」など、目線の行き場がはっきりしている部屋。

これがあか抜けた部屋です。

一方リビングに入っても、モノが多くて目線が定まらない。または、モノがなさすぎて目線が定まらない。こんなふうにどこを見たらいいかわからない部屋が、イマイチな部屋です。

目線をあやつればいい

では見るべきモノが明確な部屋にするには、どうしたらいいのか？

そのポイントが〝目線〟です。

たとえば、部屋に入っていちばん目立つスペースを飾る。すると目線が1ヶ所に集まり、ほかが気にならなくなります。

また、部屋に家具を詰め込むより、適度な余白があったほうが、部屋がより広く見えるようになります。

やみくもに飾らない、配置しない。
目線に合わせて飾る、配置する。

あか抜けた部屋にするにあたって、これがいちばん効率的で、最大の効果を生み出す考え方です。くわしくは第2章からたっぷりお届けします。

迷ったら〝玄関コーナー〟から始めてみる

ここまで読んで

「これならできるかも!?」

こんなふうに、あなたのやる気が出ていたらうれしいです。

でも、問題は……

「いったい、どこから手をつけたらいいのか」

ですよね?

最初に始める場所として、おすすめなのが〝玄関〟です。

理由はせまいスペースだから。時間をかけなくても、すぐに変化が出ます。それに失敗してもすぐにやり直せます。モチベーションの上がりやすい場所です。

また玄関は、来客がその家の中で最初に通る場所。いわゆる「その家の顔」ですね。


ソファやテーブルなどの大きな家具を動かす。リビングの模様替えをする。これはちょっと大変です。

でも玄関の棚を片付けたり、ディスプレイを変えたりするだけならハードルが下がるはず。時間も労力もそれほど使わずにすみます。

玄関を出入りするたび目にする場所ですから、「変わったなあ」と自分でも実感できます。


部屋づくりのルールを試すなら、まずは玄関から！

玄関の印象が変わると、次はリビング、ダイニング、ベッドルームと、別の部屋を試してみたくなると思います。

少しずつ、無理せず。
部屋が変わると、あなたの気持ちが変わります。家で過ごすのが楽しくなります。
その変化をぜひ感じてみてくださいね。

第2章

部屋があか抜ける20のルール

このルールを知っておけば、何も買い足さず、今あるモノだけで部屋があか抜けます！

RULE 01

部屋の印象を変える法則

入口の対角に何を置くかですべてが決まる

部屋の入口からいちばん遠い対角にあるモノで、部屋の第一印象が決まる。

ワンルームだから、せまいから、賃貸だからと、部屋のことをあきらめモードになっていたら、それはとても損をしています。

長年、個人邸のインテリアコーディネートをしている私が断言しましょう。あか抜けているかどうかは、住んでいる部屋の条件と関係ありません。それは第1章でもお伝えしたとおり、どんな部屋でも変えられる共通のルールがあるからです。第2章からはいよいよ、今あるモノで部屋があか抜けるルールのご紹介です。

ひとつめは、もっとも大切なルールといっても過言ではありません。それは部屋の入口からの対角線を意識することです。

部屋は**ドアを開けたときに、「まず何が見えるか」ですべての印象が決まります。**

ですから、部屋の入口から奥に向かう対角線を意識して、家具を配置したり、小物を置いたりしましょう。

なぜ対角線なのか？　それは人の目線に答えが隠されています。

たいていの部屋は四角。入口のドアの対角が、入口から見ていちばん遠い場所です。**人はある空間に入ったとき、無意識にいちばん遠い場所に目を向ける**といわれています。これは人間の本能で、ここは安心して過ごせる部屋なのかどうか、広さや状況を把握しているのです。

なので、ぱっと目につくこのスペースしだいで、部屋のすべてが決まってしまいます。逆にいえば、ここさえきれいにしておけば、きちんとした部屋という印象が残るのです。

ですからここには、**部屋の主役になるモノを置いてみましょう**。そして主役以外のモノは、対角線上からはずしましょう。

だいたいのお家ではこの対角線を意識しておらず、非常にもったいないことになっています。以前伺ったお宅では、リビングのドアを開けると、対角にぶらさがり健康器がありました。家族でくつろぐための部屋なのに、まるでスポーツジムのよう。

POINT!

入口の対角に主役を置く

入った瞬間に目に入るモノで印象が決まる

部屋に入るとまず人は対角を確認するので、その目線を利用する。目線が集まる対角に部屋の主役を置くのがもっとも効果的。死角をいくら飾ってもあまり目立たないのでもったいない。

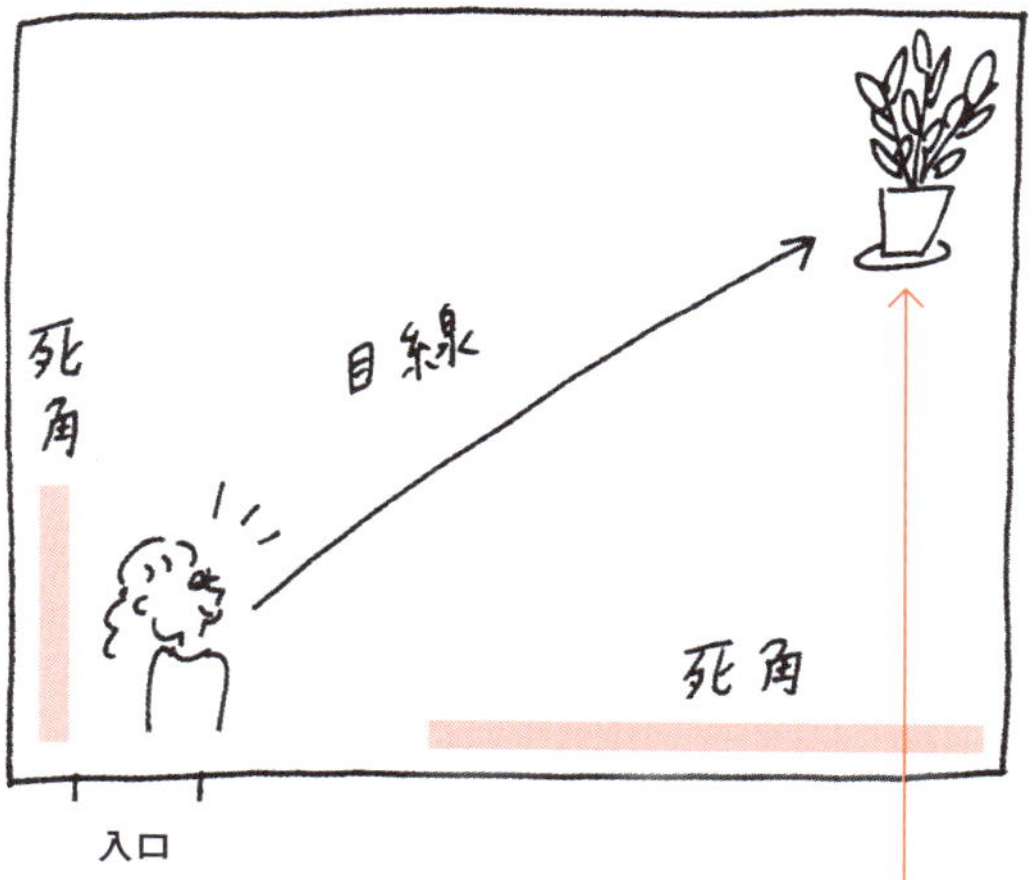

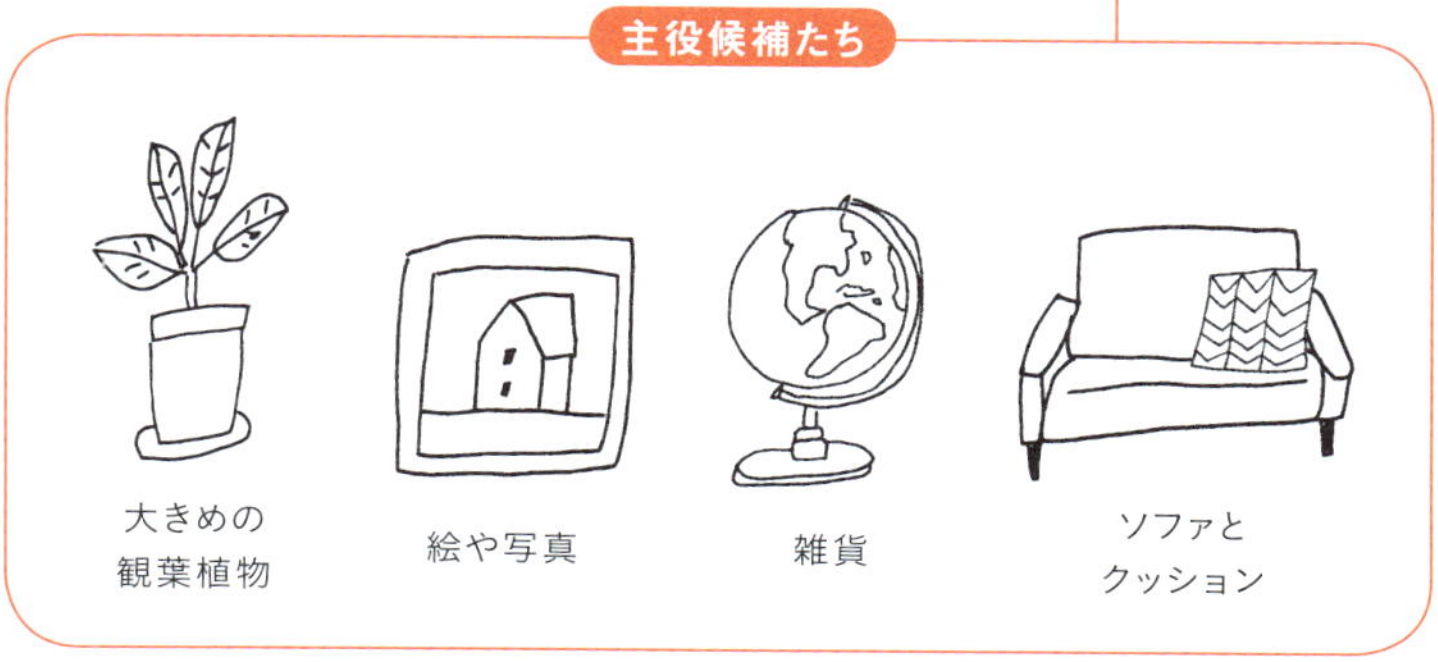

たとえばこんなアイテムが部屋の主役候補です。

- 大きめの観葉植物
- 絵や写真、ポスター、ポストカード
- 雑貨
- ソファとクッション

みなさんの部屋はいかがですか？　ドアを開けて最初に目に入るモノはなんですか？

ぜひ一度、部屋の対角線上に何を置いているか思い出してください。

親からもらったあまり好みではない収納家具、引っ越しからそのままになっている段ボール、結婚前から使っているプラスチックのラック……主役級とはいい難いモノが、どんと占領していたら要注意です。

「今さらどけるのは面倒」「そこにあることに慣れてしまった」と思うのも、ごもっとも。でも、それらを一度、**対角線上からはずしてみると、部屋の雰囲気が変わるはず**

です。

対角線上からはずしたモノはどうするのか。

それは視界に入らない死角に移動します。対角ではない隅やソファ脇などの死角は多少散らかっていても、目線に入りづらいので、そんなに気になりません。

じつは「片付けが苦手！」という人にも、このルールは朗報です。

死角をうまく利用して、対角線上のモノを片付けてきれいにし、何を置くかを意識すると部屋がすっきりして見えます。

無理して部屋全体を片付けようとしなくても大丈夫。急な来客時にも役立つ便利なルールです。

RULE 02

部屋の印象を変える法則

1ケ所だけに目線を集めて見せ場をつくる

「どこを見ていいかわからない」がイマイチな部屋にしている理由。

仕事柄、さまざまなお宅へ伺います。まず通されるのがリビングルームです。今までの経験上、「なんか部屋がイマイチ。どうにかしたい！」と悩んでいる方の部屋の特徴は、ふたつあります。ひとつずつ見ていきましょう。

❶ごちゃごちゃした部屋

ひとつめのイマイチ部屋は、掃除しているのに、なぜかごちゃごちゃしている部屋です。

たとえば、壁にはカラフルなドレス姿の子どもの写真や書道の作品、「いつからそこに？」というほど色あせたポスター。棚の上にはおみやげでもらったモノ、捨てられないブランド品のボックス。本や雑誌もあちこちにある。全国の地名入りちょうちんが、いろんなところに飾ってあるなんていうリビングもありました。

こんなふうに、いろんなモノがいろんなところに置いてあると、部屋に色があふれて、目がちかちかしてきます。また、**目線が定まらずに〝どうも落ち着かない部屋〟に**

なってしまうのです。どんなにきれいに掃除していても、です。

❷何か物足りない部屋

ふたつめのよくあるイマイチ部屋は、殺風景な部屋です。「モノを出しておくのがきらいなので、なんでも収納しています。そのせいか殺風景な部屋になってしまいます」。そんなご相談もよくあります。

実際にお家へ行ってみると、たしかに部屋は片付いているし、すっきりしている。でもなんだかさみしい、なんだか物足りない。寒々しく感じることもあります。

このように、きれいなのに、なぜか居心地のよくない部屋も多いです。

この **〝ごちゃごちゃ〟と〝物足りない〟のふたつは、真逆のように見えて、共通点があります**。

それはどこを見たらいいのかわからない部屋になっている点です。だから目が泳いでしまい、落ち着かない気持ちになるのです。

解消するルールはとてもシンプル。

それはどちらの部屋も、フォーカルポイント（見せ場）をつくること。それだけで部屋の印象が変わります。

フォーカルポイントとは〝目線を集める場所〟です。

1ヶ所に目線を集中させることで、ほかの場所が多少ごちゃごちゃしていてもあまり気にならなくなります。**1点にピントを合わせて、まわりをぼかす写真撮影のテクニックと同じ**です。また、どこを見たらいいのかわからない部屋の中で、見るべきモノがはっきりして安定感が出ます。

「すてきだなぁ」と感じるホテルやレストランには、きっとこのフォーカルポイントがあるはずです。入口の正面に大きな絵や花などが飾ってあり、まずそこに目線がいく配置になっていませんか？

ファッションも同じです。上下グレーの服を着ていたらどうでしょう。すっきりとこぎれいですが、色味がなく地味な印象です。そこに赤いベルト、ゴールドのピアス

POINT!

1ヶ所、見せ場をつくる

BEFORE

ごちゃごちゃした部屋

モノがバラバラに置いてあって目線が定まらない。部屋にいても落ち着かない気持ちになり、くつろげなくなってしまう。

AFTER

フォーカルポイント（見せ場）をつくった部屋

意図的に目線を集める場所をつくると、見るべきモノがはっきりして部屋がまとまる。ほかの場所が多少ごちゃごちゃしていても気にならなくなる。

やネックレスなど、何かアクセントになるモノをひとつ足すと、目線が定まります。これがおしゃれに見える仕組みです。フォーカルポイントの考え方と同じですね。

このように、部屋に1ヶ所、フォーカルポイント（見せ場）をつくってみましょう。たとえばリビングなら、**ルール1**でお伝えしたように、入口から対角のスペースがベスト。部屋のいちばん遠い場所に目線を集中させると、奥行きが強調されて部屋が広く感じます。

ここに観葉植物や絵、写真を飾ってみましょう。このほかに、はがせるウォールシールもおすすめ。動物や森をかたどったさまざまなモチーフのシールです。ネットや100円ショップでも購入できますよ。

まずは1ヶ所でいいので、フォーカルポイントを「ここ！」と決めて、お気に入りを集結させてください。

RULE 03

部屋を広く見せる法則

背の低い家具を奥にすると錯覚で広く見える

配置しだいで、今の部屋はまだまだ広く見せられる。

「なるべく部屋を広く見せたい」

これはだれもが思うことですよね。

とくにリビングやダイニングは、お客様を招き入れるスペース。友人たちには、「明るい部屋！」「広々しているね」と思われたいものです。

広さは変わらないのに、なぜか〝広く見える部屋〟〝せまく見える部屋〟があります。同じ平米数、同じ間取り。でも広々と感じたり、圧迫感を覚えたりするのはなぜか。違いはどこにあると思いますか？

それは「目線をあやつれているかどうか」です。

「この部屋は広々しているな」と感じるとき、部屋の奥まで人の目線が抜けています。一方、せまく感じる部屋では、部屋の手前や真ん中くらいで目線が止まってしまっています。

そこで大事になってくるのが、家具の配置。同じ家具でも置き方しだいで、目線の行き先がまったく変わってきます。

ポイントは**背の高い家具を手前に、背の低い家具を奥に配置する**こと。目線が邪魔されないと、部屋のいちばん奥まで見通せますよね。つまり、目の錯覚で奥行きができるのです。美術でいう〝遠近法〟。手前にあるモノを大きく、奥に進むにしたがって小さく描くことで、奥行きを表現するのと同じ考え方です。

食器棚や本棚など、背の高い家具はなるべく入口の近くに置きましょう。そして部屋の奥に向かって、小さめの棚やソファなど背の低い家具を置いてみてください。

マンションなどは、部屋の奥に窓があるのが一般的です。その窓に向かって目線が抜けるように家具を置くといいですね。

また、床の色味が明るめだと、部屋が広く感じます。こげ茶色など、床の色が濃い場合は、白やベージュ、ライトグレーの大きめのラグを敷くのがおすすめ。明るい色の面積の割合をなるべく大きくすると部屋に広さが出ます。

POINT!

背の低い家具を奥に置く

目線が抜けて、部屋が広々して見える

背の高い家具を手前に、背の低い家具を奥に配置すると、目線が邪魔されずに部屋の奥まで見通せる。目の錯覚で部屋が広く見える。

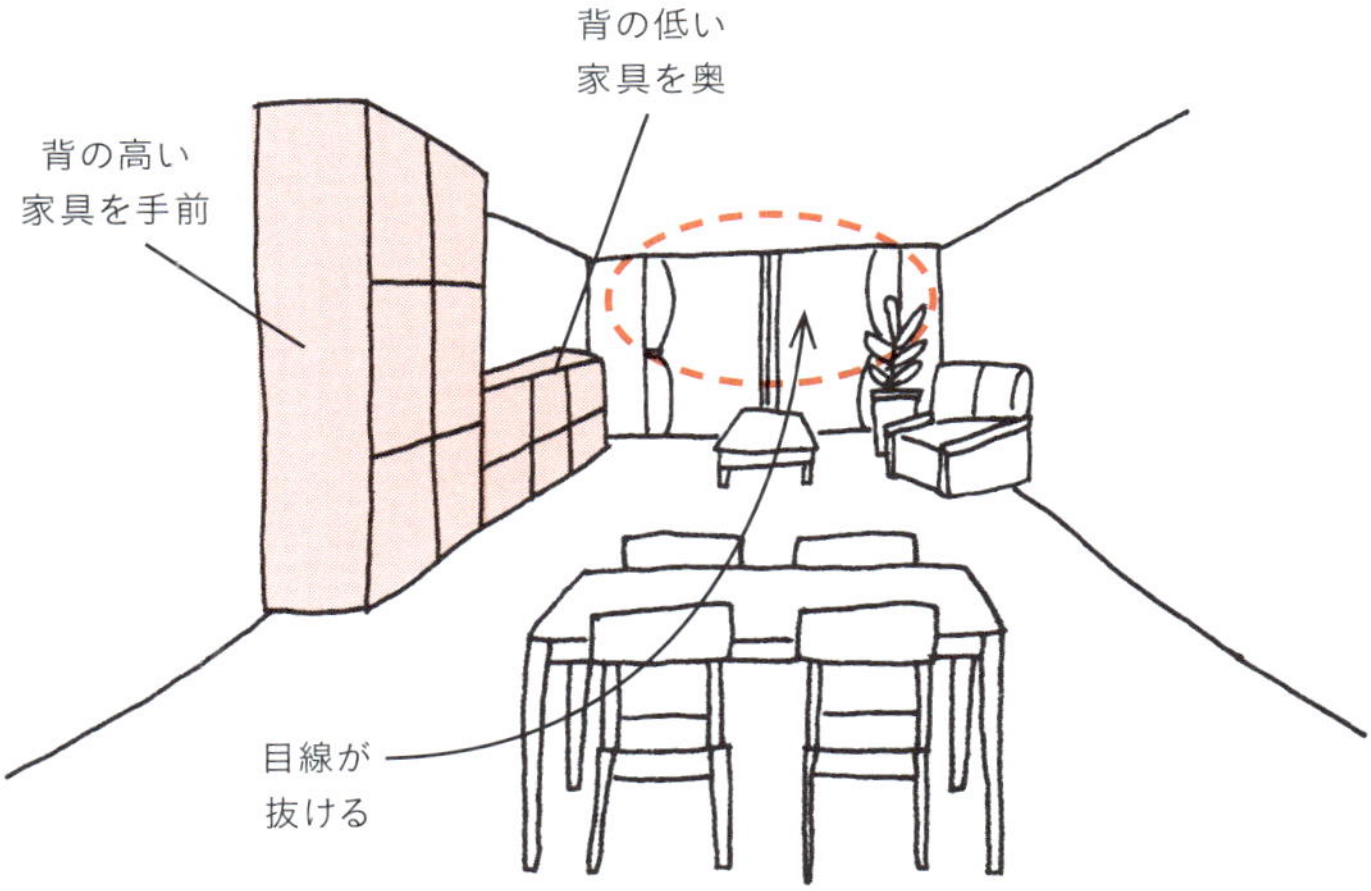

RULE 04

部屋を広く見せる法則

床の余白は3分の2がベストバランス

本当に必要な家具かどうかを見直すと案外不要であることも多い。

家具がたくさん置いてある部屋は、どうしても窮屈な印象になります。

床の面積に対して、どれくらいの割合で家具を置けばいいと思いますか？

それは家具の占める面積を3分の1にすること。つまり、**床の空きスペースを3分の2くらい確保するのがベスト**です。また、戸棚や本棚などの収納家具は、壁際にまとめて配置します。部屋の中央を空けると、床の面積が広く見えるからです。

床に余白（空きスペース）をつくるには、安易に家具を増やさないことがいちばん。何の意外性もないですが、やはり家具が少ないほうが広く見えます。

「そんなの知ってます……」なんて声も聞こえてきそうですね。

でも「リビングにソファは必需品」「ダイニングにはダイニングセットを置くのがふつう」「ソファの前にはローテーブルが必須」なんて思っていたら要注意です。なぜなら必要な家具はその人によって違うから。

まずは、部屋の中で一日をどう過ごしているのかを思い出してみましょう。ここではリビング・ダイニングルームを例に考えてみます。

● **リビングで過ごす派**

食事はさっとすませ、リビングのソファでくつろぐ時間が長い。友人を招いたときも、リビングでわいわい飲んだり食べたりする。

➡ダイニングテーブルをコンパクトタイプにする。そのぶん、ソファは大きめに。脚を伸ばしたり、寝転がれたりする大きめなカウチソファもよい。

● **ダイニングで過ごす派**

パソコン作業や子どもの勉強など、ダイニングテーブルで長く過ごす人。お酒を飲みながらゆっくり食事を楽しんだり、食後はダイニングからテレビ鑑賞したりする。

➡ダイニングテーブルを大きめにする。また、ソファに座って食事ができるよう、低めのテーブルとソファを合わせたソファダイニングにするのもあり。食事とくつろぎのスペースがひとつにまとまります。

このように**「毎日をどう過ごしているか」を考えると、〝必要な家具〟と、〝不要な家具〟がわかります**。不要な家具はサイズダウンをするか、いっそ処分して、部屋を広く見せましょう。

POINT!

どこで過ごす時間が長いかを考える

リビングで過ごす派

リビングのソファでくつろぐ時間が長いなら、ソファは大きめに。脚を伸ばせるカウチタイプもおすすめ。そのぶんダイニングテーブルはコンパクトタイプに。

脚を伸ばせる
カウチタイプのソファ

+

コンパクトな
ダイニングテーブル

ダイニングで過ごす派

パソコンを使ったり、子どもが勉強をしたりするなど、ダイニングテーブルを使う頻度が高いなら、ダイニングテーブルは大きめに。食事とくつろぎのスペースが一体化したソファダイニングを取り入れるのもあり。

大きめのダイニングテーブル

or

くつろげるソファダイニング

RULE 05

部屋の好感度が上がる法則

130〜150cmの観葉植物を見つけたらマストバイ

観葉植物は、もっとも手っ取り早くおしゃれになる魔法のアイテム。

もし「おしゃれな部屋にするために、ひとつだけ買い足すとしたら？」と聞かれたら、迷わず観葉植物をおすすめします。

なぜならどんなテイストの部屋にも合いますし、生命力のあるアイテムに癒やされるからです。植物があると、ごちゃごちゃしている部屋では一服の清涼剤に。モノが少なく殺風景な部屋にはアクセントになりますね。

最近ではお客様に、インテリアとして観葉植物を提案することも増えてきました。

でも、「どこに置いたらいいのか、わからない」「たくさんありすぎて何を選べばいいの？」「ちゃんと育てられるか心配」と、二の足を踏む人も多いですね。ここでは、そんな悩みや疑問を解消していきましょう。

●観葉植物を置くべき場所

部屋の隅や余白になっている場所に置くのが基本。床置きの大きいサイズなら、存在感があって部屋の主役になります。部屋に入って対角の奥のスペースにあると、**ルール2**でお話ししたフォーカルポイント（見せ場）になります。

またテレビなどの電子機器のそばに置くと、無機質な雰囲気をやわらげてくれます。

●失敗しないサイズ

観葉植物のサイズは、床置きの大きいタイプから、テーブルや棚に置ける小さいタイプまでさまざま。初めてなら、小さいタイプを取り入れましょう。出窓やテレビ台、棚の上など、場所を問わずに置けます。

床置きサイズは130～150㎝。天井が高く、部屋が広ければ180㎝くらいあってもよいですが、8畳くらいなら130㎝前後がちょうどいいサイズ。

●育てやすい種類

育てやすいのはガジュマルやポトス。ハート型の葉がかわいいウンベラータ、すっと伸びた幹と大ぶりの葉がきれいなパキラも人気です。

POINT!

迷ったら、観葉植物を飾る

失敗しないサイズ

床置きタイプなら130〜150cm。8畳くらいなら130cm前後がちょうどいいバランス。

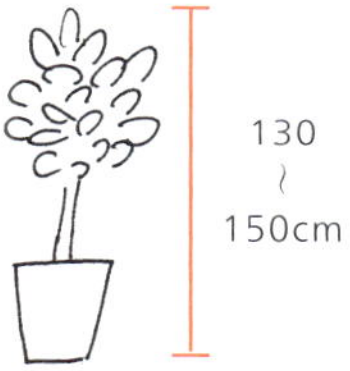

天井や壁に飾る

天井から吊り下げるハンギングバスケットを利用すると、ぐっとあか抜けた印象に。壁に植物を飾れるアイテムも多く販売されている。葉がたれる種類の植物と相性抜群。

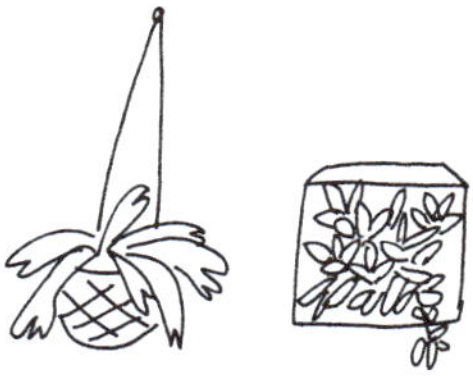

育てやすい種類

とくにガジュマル、ポトスは育てやすいので初心者におすすめ。
ウンベラータはかわいらしい感じ、パキラはすっと伸びた姿がかっこいい。

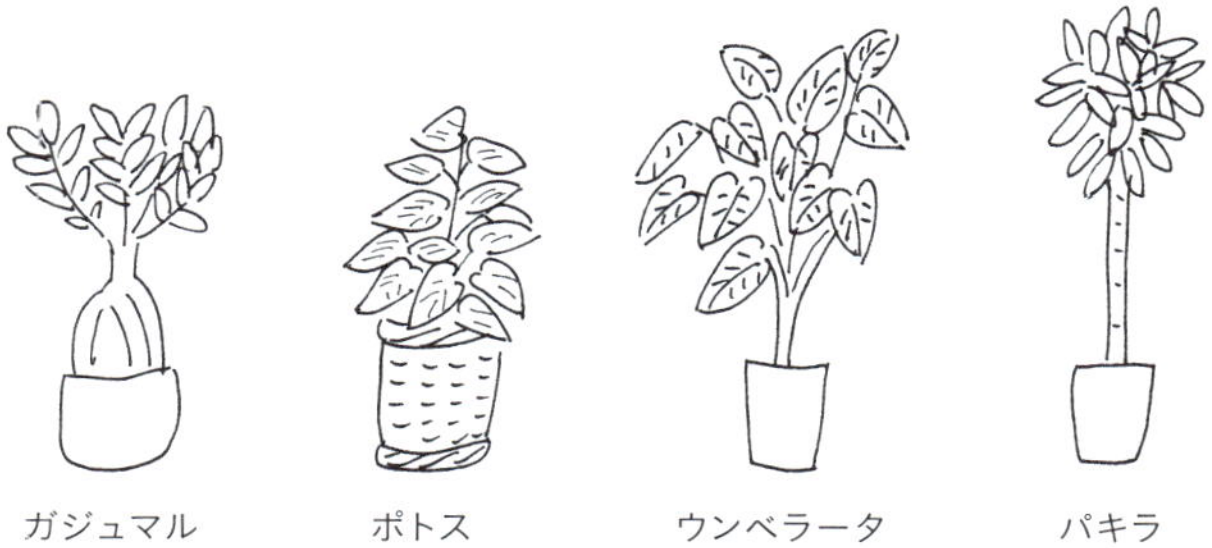

またサボテンもおすすめです。水やりが面倒な人はハイドロカルチャー、土がなくても育つエアプランツも人気急上昇中ですよ。

● **天井や壁に飾る**

「子どもやペットがいるから床に置けない」「床置きにすると部屋がせまくなってしまう」と心配する人には、天井や壁を活用するのがおすすめ。

天井から吊り下げるハンギングバスケットや、壁に植物を飾るためのアイテムもあります。無印良品の「壁にかけられる観葉植物」シリーズならかんたんに取り付けられます。まるで植物が１枚の絵のようになりますよ。

アイビーや、グリーンネックレスなどは、葉がたれる姿がきれいなので、ぶらさげて飾るのに向いていています。

● **どうしても枯らしてしまう人には**

「でも私、サボテンも枯らしてしまうんです」というお客様もいます。今は**本物そっ**

くりのフェイクグリーンも豊富です。わが家でも飾っていますし、お客様に提案することもあります。１００円ショップでも売っていますが、安価だと色や質感がいかにもフェイク。少々高くても品質のよい商品が断然おすすめです。

フェイクグリーンを飾るときのポイントは、買ってきてそのまま飾らないこと。葉のワイヤーを調整してよりナチュラルに見えるようにすることです。

また、お世話する必要がないのでつい放置しがちです。でもほこりがたまると一気ににせもの感が出ます。こまめに葉をふいてあげましょう。

部屋にいったい何を飾ればいいのかわからないという人へ。

まずは植物を取り入れてみてくださいね。

RULE 06

部屋の好感度が上がる法則

クッションは3個が正解である

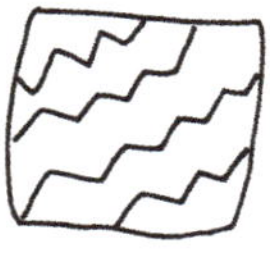

クッションはおしゃれ部屋のマストアイテム。季節感はクッションカバーで出すのが◎。

いざ部屋を変えましょうといっても、「お金をあんまりかけたくない」「家具を動かすのが面倒」「模様替えの前に掃除をしないと……」と尻込みしがちです。その気持ちはよくわかります。お金と手間をかけたくないのは、みんな同じです。

ここでは観葉植物に続いて、部屋があか抜けるアイテムその2を紹介しましょう。

それはクッション。

カーテンやソファの張り地はお金がかかりますし、すぐには替えづらいですよね。でもクッションなら一気にハードルが下がりませんか？　中綿はそのままで、カバーだけを替えることが可能です。**季節や気分によって気軽に替えられる、優秀アイテム**なのです。

そしてなんといっても、「すてき！」と人にほめられますよ。

私はクッションが大好きで、色や柄、素材をどう組み合わせるかを考えるとワクワクします。自宅では春夏と秋冬の年2回、クッションカバーを替えています。ここでは、クッションのポイントを紹介します。

●クッションの個数には正解がある

海外のインテリア雑誌を見ると、座るスペースがないくらい、ソファにクッションがたくさん置いてあったりします（笑）。

そんなに置かないまでも、**クッションは3個、もしくは5個**がよいでしょう。

ソファの左右にそれぞれ2個・1個で置く（合計3個）。または3個・2個、4個・1個で置く（合計5個）。このとき、入口から見て、ソファの奥に置く数を多くすると、安定感が生まれます。

なぜ3個か5個なのか？　それは奇数にすると動きが出るからです。偶数にしてシンメトリー（左右対称）に配置すると、カチッと堅い印象になります。リビングはリラックスする空間なので、ゆるい雰囲気になるアシンメトリー（左右非対称）が落ち着きます。

POINT!

クッションは3個

BEFORE

クッションを1個だけ

1個だけだとさみしい。シンメトリー（左右対称）に置くと、カチッと堅い印象に。

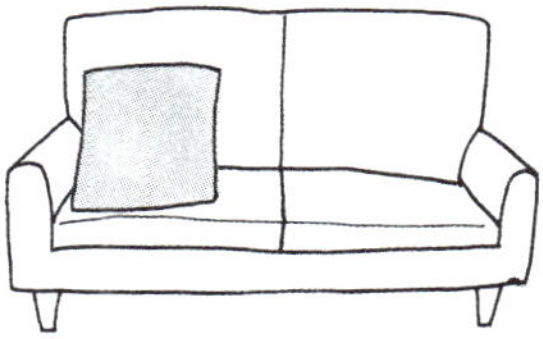

AFTER

ソファの左右に2個・1個で置く

アシンメトリー（左右非対称）に置くと、ゆるい雰囲気になってリラックスできる。

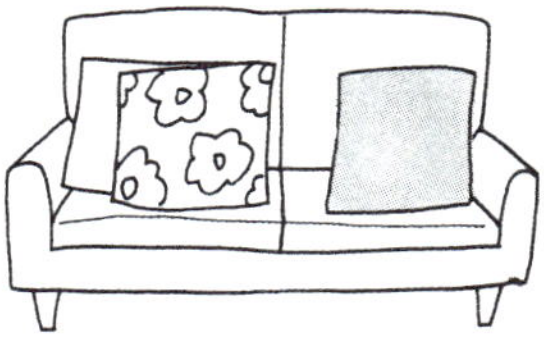

3個中1個でインパクトを出す

3個のうち2個は、白、ベージュ、グレー、茶色などベーシックな色に。残りの1個で季節感やインパクトを出すとあか抜ける。

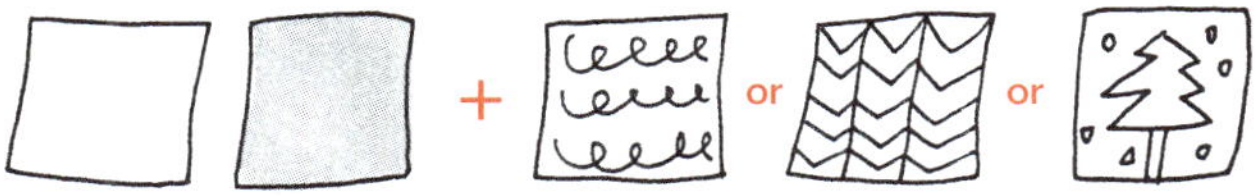

3個中1個でインパクトを出す

3個のうち、2個は、白、ベージュ、グレー、茶色など、ベーシックな色にします。残りの1個は、ちょっとインパクトのある色に替えてみましょう。柄入りもいいですね。するとたんにあか抜けます。

もし可能ならこの1個を季節ごとに替えてみてください。インテリアで季節感を出すのは大変です。だから比較的手軽なクッションで季節感を出すのがおすすめです。クッションは直接肌に触れるモノなので、色だけでなく素材にも注目してくださいね。たとえば春は綿、夏は麻、秋はベロア、冬はウールなどがおすすめです。

一般的なクッションのサイズは40㎝×40㎝、45㎝×45㎝、小さいサイズだと40㎝×30㎝です。**ひとつだけ小さいサイズをプラスして、重ねて置く**と、「おっ、センスいい！」と思われますよ。

クッションの購入先としてよく利用するのはフランフラン（Francfranc）、ザラホーム（ZARA HOME）、アクタス（ACTUS）、イデー（IDEE）、イケア

（ＩＫＥＡ）など。どこもオンラインショップがあるので、一度チェックしてみてくださいさいね。

ちょっとここで余談です。

日本のデザインではアシンメトリー（左右非対称）が好まれます。シンメトリー（左右対称）ではなく、バランスをくずしたアシンメトリーが心地よく感じるのは、日本人独特の感性といっていいでしょう。

たとえば欧米の建築物。ベルサイユ宮殿やその庭園からもわかるように、それは均整のとれたシンメトリーです。一方、日本庭園や床の間はアシンメトリーが多いですね。どこかはずしたところに美しさを感じます。

ちょっとくずれた感じに心魅かれる——。それは日本の〝粋〟な美意識が関係しているのかもしれませんね。

RULE 07

センスよくモノを飾る法則

三角形の法則なら1分でディスプレイが完成する

センスが光る配置にはルールがあった。
これでもうモノを買うのもこわくない。

雑貨店でひと目惚れした置物、おしゃれな花瓶、旅先で見つけたかわいい小物の数々。「さぁ、飾ってみよう！」と、いざ並べてみると、どうもしっくりこない。ひとつひとつはかわいいのに、一緒に並べると統一感のないバラバラな感じ。「お店で見ていたイメージとぜんぜん違う！」なんてことはありませんか？

モノをすてきに飾るのって難しいですよね。どうすればいいのか、実際よく受ける相談のひとつです。

小物をセンスよく飾るルール。それは三角形を意識することです。

ポイントは

❶背の「高い、中くらい、低い」アイテムを3つ選ぶ

❷この3つが三角形になるように置く

です。このように置くと、バランスが整って失敗しません。

三角形になるように、高さに違いが出るモノを選ぶことが大切。同じ高さで並べるとのっぺりとしてしまいます。

いくらかわいい雑貨、小物でも**あれこれ横に並べるのはNG**。単調で格好がよくありませんし、ごちゃごちゃした印象になります。

また、**1個だけ飾るのもNG**。

1個だけだと、唐突な感じがしたり、ポツンとさみしい感じがしたりします。飾るときのアイテムは3個がベストです。

理論はわかった！　でもどんなアイテムで三角形をつくればいいの？　と思いますよね。おすすめの3点セットをご紹介します。

それは**花瓶、フォトフレーム、小物**。

三角形の頂点は、もっとも背の高い花瓶。2番めの高さがフォトフレーム。いちばん背の低い小物。高中低の3つを組み合わせれば、きれいな三角形ができます。

また、何かしらテーマを決めると、アイテムを決めやすくなります。統一感が出て

POINT!

高・中・低のアイテムで三角を描く

BEFORE

さみしい感じ／ごちゃごちゃしてる

よかれと思って飾ったアイテムも、ひとつだけではさみしげ。
たくさん並べすぎるとカオスな状態になる。

AFTER

三角形を意識するだけ

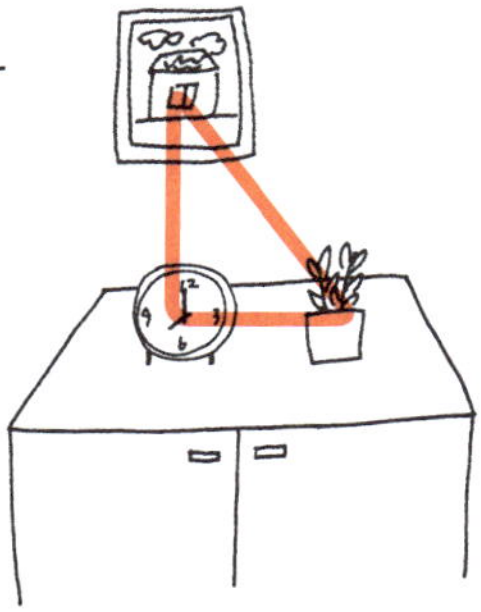

三角形を描くように配置すると、モノがまとまる。
これでもうディスプレイも失敗しない。

センスも光ります。

テーマと三角形の例をあげてみます。参考にしてみてくださいね。

●**テーマ「旅の思い出」**

↓フランス旅行なら、高「キャンドルスタンド」、中「旅行の写真の入ったフォトフレーム」、低「エッフェル塔の置物」

●**テーマ「春」**

↓高「淡いピンクの花を生けた花瓶」、中「桜のポストカードを入れたフォトフレーム」、低「蝶の置物」

●**テーマ「海」**

↓高「灯台をモチーフにした置物」、中「貝殻を入れた瓶」、低「ブルーのキャンドルグラス」

●テーマ「ハロウィン」

⬇高「オレンジの花」、中「おばけの置物」、低「小さなかぼちゃ」

●テーマ「クリスマス」

⬇高「キャンドルスタンド」、中「赤&緑のフラワーアレンジメント」、低「サンタの置物」

だれかのお家に招かれたとき、玄関を入ってすぐにこんなディスプレイコーナーがあったら、うれしくなりませんか？　おもてなしの気づかいを感じますよね。

家にあるモノでぜひ三角になるように飾ってみましょう。

RULE 08

センスよくモノを飾る法則

同じモノを3つ並べるだけでいい

同じモノを並べるだけなのに、一気にこなれた雰囲気になる。3は魔法の数字。

ルール７では**三角形の法則**でモノをセンスよく飾る方法を紹介しました。

でも「組み合わせを考えるのって苦手」「わが家にはかわいい花瓶なんてないよ」という人もたくさんいると思います。

そこで、**三角形の法則**より、さらにかんたんな法則を紹介します。それは、同じモノを３つ飾るです。

数が〝３〟というのがポイントです。

ひとつだと、ぽつんとさみしい。

ふたつだと、シンメトリー（左右対称）で整いすぎ。

ところが、**同じモノを３個飾ると、トン・トン・トンというリズムが生まれます**。動きが出るんですね。この動きが出る最小限の数が〝３〟です。

たとえば、１００円ショップなどで購入できる一輪ざしの花瓶なら、ぜひ、同じモノを３つ購入してみてください。

また壁に何か飾る場合も、３枚にしましょう。

たとえば絵の場合。小さいサイズをひとつだけ飾るのは、ちょっとさみしい雰囲気。だからといって主役級の大きい絵を飾るとなると、けっこう勇気がいるもの。なかなか決まらず、結局そのままということが多いかもしれませんね。

2枚の絵を飾るとシンメトリー（左右対称）になり、バランスがとれて安定感がありますが、かっちりとした堅苦しい雰囲気に。自宅ではもうちょっとくつろいだ空気を出したいところです。

そこでぴったりくるのは、やはり3枚。A4サイズやポストカードサイズの絵を3枚並べてみてください。

お気に入りの雑誌の切り抜きや、子どもの描いた絵、ポストカードなどでもOK。季節ごとに替えてもいいですね。

この同じモノを3つ並べる法則なら、「並べ方は？」「何を並べよう？」なんて難しいことは考えなくても大丈夫。**同じサイズのモノを3つ用意して、ただ並べるだけ**です。それだけで部屋があか抜けた雰囲気になりますよ。

POINT!

同じモノを３つ並べる

BEFORE

同じモノをひとつ、またはふたつ飾る

ひとつだけだとなんだかさみしい。
ふたつだとシンメトリー（左右対称）でカチッと整いすぎた印象になる。

AFTER

同じモノを３つ飾る

トン・トン・トンとリズムが生まれて動きが出る。どんなアイテムを、
どう並べるかを考えなくてすむので、いちばんかんたんな飾り方。

RULE 09

センスよくモノを飾る法則

ちぐはぐに感じたら色か素材でグループ分け

一見テイストが違っても、統一感が出て失敗なくまとめられる。

ここまで、**三角形の法則、同じモノを3つ並べる法則**についてお話ししました。
でも、そもそもモノがたくさんあって、アイテムをしぼれない、今まで脈絡なくモノを買ってきたので、どれを組み合わせたらいいのかわからないという人も多いはず。

そこで使えるのは**〝色〟〝素材〟でグループ分けするルール**です。

モノを、白、茶色、青、緑など、色別に分ける。
モノを、木、ガラス、金属など、素材別に分ける。

そしてそのグループ内のアイテムを使って飾ってみましょう。
このとき、**ルール7の三角形の法則**を意識できるといいですね。高低差のある3つのアイテムでまとめると、バランスがよくなります。

また、同じ素材を集めて、なおかつその中で色別に分けると、さらに統一感が増しますよ。

要は**モノに共通点を見出すこと**。これが大切です。

一見まったくテイストの異なるモノ、たとえば和小物と洋小物でも、色か素材が近ければ、バランスよく飾ることができます。

意外な組み合わせを、バランスよく飾る。これができると、とてもあか抜けた雰囲気になります。でも**意外な組み合わせというのは、じつはぜんぜん意外なんかではなく、“色”“素材”といった共通点がちゃんとある**のです。

また小さいモノを並べるときには、トレイを使うのもおすすめ。トレイの上に小物を置くと、唐突な感じがやわらぎ、整って見えます。

ぜひみなさんも、手持ちのモノを一度グループ分けしてみてください。意外な組み合わせが見つかるかもしれません。

POINT!

共通点を見つけてグループをつくる

BEFORE

まったく脈絡のないモノたち

写真、旅のおみやげ、和小物、洋小物、香水、瓶……。
まさにカオス。

▼

AFTER

色か素材でグループ分け

同じ色でそろえるか、同じ素材でそろえると、一気に統一感が出る。
モノに共通点を見出して、それごとに飾るだけ。

RULE 10

部屋にまとまりを生み出す法則

色数は3色にするとまとまる

床か壁の色に家具の色をそろえると、すっきりまとまりのある部屋に。

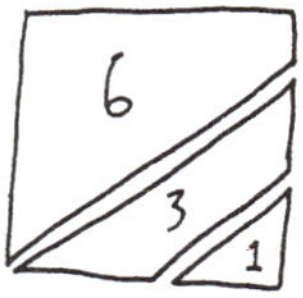

ここでは色の使い方についてお話しします。

きっとみなさん、色は重要だともう気づいているかもしれませんね。本当にそのとおりで、色ってとても大切な要素です。

たとえば着ている服の色によって、明るい人に見えたり、地味な人に見えたり、落ち着いた人に見えたりします。色使いがその人の印象を左右しますよね。

部屋も同じです。たとえば部屋に色があふれすぎていると、どうしてもごちゃごちゃとした、落ち着かない部屋になってしまいます。インテリア雑誌のグラビアでは、「カラフルなのにセンスよくまとまっている」「個性的な色使いがすてき!」という部屋が紹介されています。でも、それは上級テクニック。かなり計算しつくされているのです。

一般的には色が増えるほど、部屋をすっきりまとめるのが難しくなります。

初心者の方は、基本の3色使いから始めましょう。

部屋で使う色は、大きく分けて**ベースカラー(基調色)**、**アソートカラー(配合色)**、**ア**

クセントカラー（強調色）の3つ。それぞれの面積比を6：3：1にするとバランスのよい配色になります。

3色の使い分けは次の目安があります。

ベースカラー（6割）⬇いちばん面積の大きい色で床、壁、天井など
アソートカラー（3割）⬇家具、カーテンなど
アクセントカラー（1割）⬇クッションや絵、小物など

一般的には

- 壁と天井が〝白〟
- 床が〝茶系〟

の部屋が多く、つまりこれはベースカラーが〝白〟と〝茶色〟の2色で構成されているということです。

この場合、家具の色は白か茶系のどちらかに合わせるとすっきりします。家具と床

POINT!

部屋がまとまる基本の３色使い

1	2	3
ベース カラー（基調色）	**アソート カラー（配合色）**	**アクセント カラー（強調色）**
あきのこないあまり派手ではない色	部屋のイメージを決める色	部屋を引き締める色
白 **ベージュ** **茶色**	**茶色** **グレー**	**緑** **赤** **オレンジ**
床 **壁** **天井**	**家具** **カーテン**	**クッション** **絵** **小物**
部屋の６割	部屋の３割	部屋の１割

の色はまったく同じでなくても、茶色とこげ茶色など、似た系統の色なら問題ありません。

また、「観葉植物は1色に数えるの?」という質問をよく受けますが、**観葉植物などのグリーンは自然の色で、どんな色とも合います**。3色に含まないでOKです。

床、壁、天井や家具はそうかんたんには替えられません。でもつねに同じ色味で、同じ雰囲気ではちょっと退屈ですね。

そこで小物やクッションに、アクセントカラーを活用してみてください。部屋のアクセントになるモノの色を変えると、部屋の印象もがらっと変わります。たとえばこんなふうにアクセントカラーを取り入れてみましょう。

壁が〝白〟で、床が〝茶色〟の部屋の場合。

アクセントカラーは〝黄色〟。黄色を含むモノを選ぶと、落ち着いた雰囲気の中にも明るく元気な印象に。

壁と床が〝どちらも白〟の場合。
アクセントカラーは〝ピンク〟か〝黒、グレー〟。
モノをピンクにすると、かわいらしい印象に。一方、黒&グレーにするとクールでかっこよくなります。

アクセントカラーを「これ」と決めたら、置くモノを選ぶときには、その色が入っているモノを選ぶと失敗しません。部屋から浮くことなく、なじみます。
これは**ルール9**でお話しした**モノに共通点を見出す考え方と同じで、共通カラーを見出すことがポイントです。**

とはいっても、自分で色を選ぶのは難しいですよね。この本では、相性のいい色の組み合わせをまとめた表を巻末に収録しています。ぜひ参考にしてください。

RULE 11

壁にモノを飾る法則

壁は余白が9割。まずはそこからスタート

何かと飾ってしまう人は、足し算より引き算を意識して。

一般的な部屋は四方を壁に囲まれているので、部屋のどこに目を向けても壁が目に入ります。なので手軽に部屋の雰囲気をチェンジするなら、床や天井よりも、断然、壁に注目です。

壁のスペースを何かと埋めたがる人がいます。絵、カレンダー、ポスター、子どもの賞状、飾り皿、はては厄除けのお札まで。こんなふうに飾り立てる人が必ずといっていいほど言うのが「白っぽいと殺風景な気がしちゃって」という言葉。気持ちがわからなくもないですが、それは今日で卒業しましょう。

料理の盛りつけを例に考えてみます。

レストランで出される美しい料理は、食器に必ず余白があります。大きなお皿にデザートがちょこんとのっていて、「えっ、これだけ?」と感じるときもあるくらい。

一方、ぎゅうぎゅうに盛られた料理って、ちょっと野暮ったく見えます。**お皿に余白のある料理のほうが、断然に上品で、見栄えがいい。**実際に料理の盛りつけは、料理3割、余白7割のバランスが美しいとされているそうです。

壁も考え方は同じです。

私の経験上、いちばんバランスよく見える壁の余白は8割。

でも慣れていない人にとって「壁の2割に何を飾るか」が至難の業。なので、ここは思い切って足し算ではなく、引き算です。

まずは、壁に飾ってあるモノをすべて取り除きます。そして、そのなかから、「これだけは飾りたい！」というモノをひとつだけ決めましょう。

ペットの写真、好きな風景画、鮮やかなポスターなど、お気に入りをたったひとつだけです。割合でいえば余白は9割。

リビングの壁をひとつ飾るなら、いちばん手軽で、しかも役立つのが掛け時計。シンプルでおしゃれな時計はリビングをきりっと引き締めてくれます。

中央にぽつんと掛けるよりも、壁の左右どちらかに寄せるとおしゃれ。とくに入口から見て部屋の奥側に掛けると、安定感が出てあか抜けます。また扉や窓よりも高い位置のほうが、文字盤が見えやすくておすすめです。

時計以外を壁に飾るときは、このあとにお話しする、壁にモノを飾る法則を参考にしてみてくださいね。

RULE 12

壁にモノを飾る法則

不ぞろいでも、1本ラインを決めると一瞬で整う

大小異なる絵や写真、ポスターが一気にまとまって、海外風の部屋になる。

ルール8で絵を例に、同じサイズを3枚並べましょうとお話ししました。

でもなかには「たくさんの絵や写真、ポスターを飾りたい！」と思う人もいるでしょう。それに「飾りたいけど手持ちのサイズは全部バラバラ」という人もいるはずです。

たとえば、海外の映画やドラマに登場するおしゃれな部屋は、たくさんの絵や写真で飾られています。一見何の法則もなく、ごちゃごちゃ飾っているように見せて、なぜかおしゃれ。憧れちゃいますよね。

3つ以上、しかもサイズがバラバラのモノを壁に飾るのは、上級センスが必要に思えるかもしれません。でもこれにも法則があり、コツさえ押さえればかんたんです。

❶下のラインをそろえて飾る

フレームの下のラインをそろえます。絵の大きさや壁面の広さによって変わりますが、間隔は5～10㎝くらいに。間隔があきすぎると、間抜けな感じになるので、なるべく寄せると失敗しません。

❷中央のラインを決めて飾る

中央のラインを決めて、それを中心にして飾ります。高さの目安は、床から絵の中心までが140～150㎝くらい。そろえたいラインにマスキングテープで目印をつけておくと、きれいに飾れます。

❸アウトラインを決めて飾る

まずアウトライン（外枠）を決めるのがポイント。マスキングテープを使うとかんたんです。アウトラインからはみ出さないように写真や絵を飾ります。複数の作品の集合体が、大きい1枚の絵のように見えます。飾り終わったら、マスキングテープは取りましょう。

❸の方法は、❶や❷よりも断然おしゃれな壁面になるのでおすすめです。まさに海外ドラマに出てくる部屋に近づけますよ！

POINT!

1本ラインを決める

下のラインをそろえる

フレームの下のラインをそろえて飾る。

中央のラインを決める

中央のラインを決めて、それを中心にして飾る。床から絵の中心までは140～150cmにする。

アウトラインを決める

アウトラインを決めて、そこからはみ出さないように飾る。

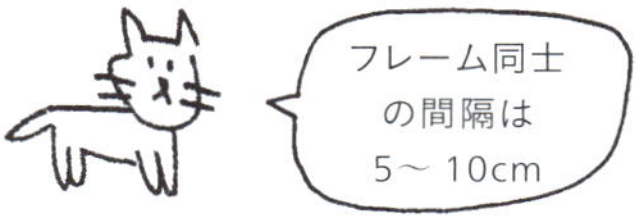

RULE 13

壁にモノを飾る法則

フレームに入れると子どもの絵も巨匠レベルになる

フレームの色や素材をそろえると美術館のような統一感が生まれる。

絵や写真、ポスターなどを複数枚飾るときは、フレーム（額）に入れるのをおすすめします。とくに写真やポスターは画びょうやマスキングテープで留めるのもいいですが、フレームに入れると途端にあか抜けます。

たとえば子どもが何気なく描いた絵も、フレームに入れると急に画家が描いたように見えるので（笑）、ぜひお試しください。

その際に注目したいのがフレームの色や素材。これがバラバラだと、統一感がなく、野暮ったくなります。ただし、**フレームさえそろっていれば、まとまりが出ておしゃれに見えます。** ルール12の「ラインをそろえる」が、きっちりできていなくてもです。

また、素材をそろえる考え方は、フレームだけではなく、どんなモノを飾るときにも共通する法則。これは**ルール9**でもお話ししました。何かを複数個、複数枚飾るときは、ぜひ思い出してください。

フレームにはこんな種類があります。

・素材⬇木、アルミ、プラスチックなど
・色⬇白、黒、茶色、こげ茶色、シルバー、ゴールドなど

どんなフレームを選んだらよいか悩むときは、部屋のイメージを先に思い浮かべるとよいですね。たとえばこんな感じです。

ナチュラルですっきりとした部屋⬇素材なら「木」、色なら「白」
クールでかっこいい部屋⬇素材なら「アルミ」、色なら「黒」「シルバー」
クラシックな重厚感ある部屋⬇素材なら「木」、色なら「こげ茶色」「ゴールド」

すべて同じ色にそろえるのが無難ですが、2色使いにするとワンランクアップ。**白とシルバー、黒とゴールドなど、2種類をミックスするとおしゃれに見えます。**

私の場合、シンプルな白や黒のフレームは、比較的手軽な価格のニトリやイケア

（ＩＫＥＡ）などで購入。シルバーやゴールドのフレームはアンティーク風のちょっといいモノにしたいので、画材店やネットなどで購入しています。

また、絵やポスターに合うサイズが見つからない、気に入ったフレームが既製品にない場合は、東急ハンズやロフト、額装専門店で、フレームを選んでオーダーメイドすることもできます。多少費用はかかりますが、完成品はあなただけのオリジナルフレーム。それをリビングの主役にできたらすてきですね。

RULE 14

効果的にモノを飾る法則

人が無意識に眺める、75〜135cmのゾーンが狙いめ

これがディスプレイの輝きを引き出すもっとも効果的な数値である。

お客様からよく聞かれる質問のひとつに「どのくらいの高さにモノを飾るといいでしょうか？」というのがあります。それに対して「いつもはどうしていますか？」とたずねると、だいたいの人が「なんとなく置いてます……」と答えます。これまで何度か言っていますが、だれにも教わっていないことなので当然です。

人には、無意識の状態で、もっとも目に入りやすいゾーンがあります。

それは床から75～135㎝のゾーンです。これは〝ゴールデンゾーン〟といって、自然と人の目がとまりやすい高さ。ショップやコンビニでは、いちばん売りたい商品をこの高さに置いています。

このゴールデンゾーンを部屋の空間にも取り入れてみましょう。

たとえば収納棚の上にモノを置くとき。75～135㎝のゴールデンゾーンにいちばん見せたいモノを置けばいいのです。

また、絵やポスターの場合は、**140～150㎝の高さに作品の中心を合わせるの**

がベスト。美術館で展示されている絵の高さがまさにこの高さ。これは人の平均的な目線の高さから割り出された数字です。

ただしリビングの場合、ソファに座って絵を眺めることもあります。大きさにもよりますが、少し低めの１４０㎝くらいを中心にして飾るほうが、見やすくて安定しますよ。

玄関、廊下の突き当たり、リビング、ダイニング、ベッドルームなど、さまざまな場所で応用できます。

「このくらいかなぁ」と、なんとなく置くのはＮＧ。きちんとメジャーで測ってくださいね。

面倒だとは思います。でも飾ったときのまとまり感と美しさが、ぜんぜん違います。しかも何度もやり直す手間を考えると、１回測るほうが断然ラク。ピタッとはまる快感をぜひ実感してみてください！

POINT!

ゴールデンゾーンに配置する

目線を利用した飾り方

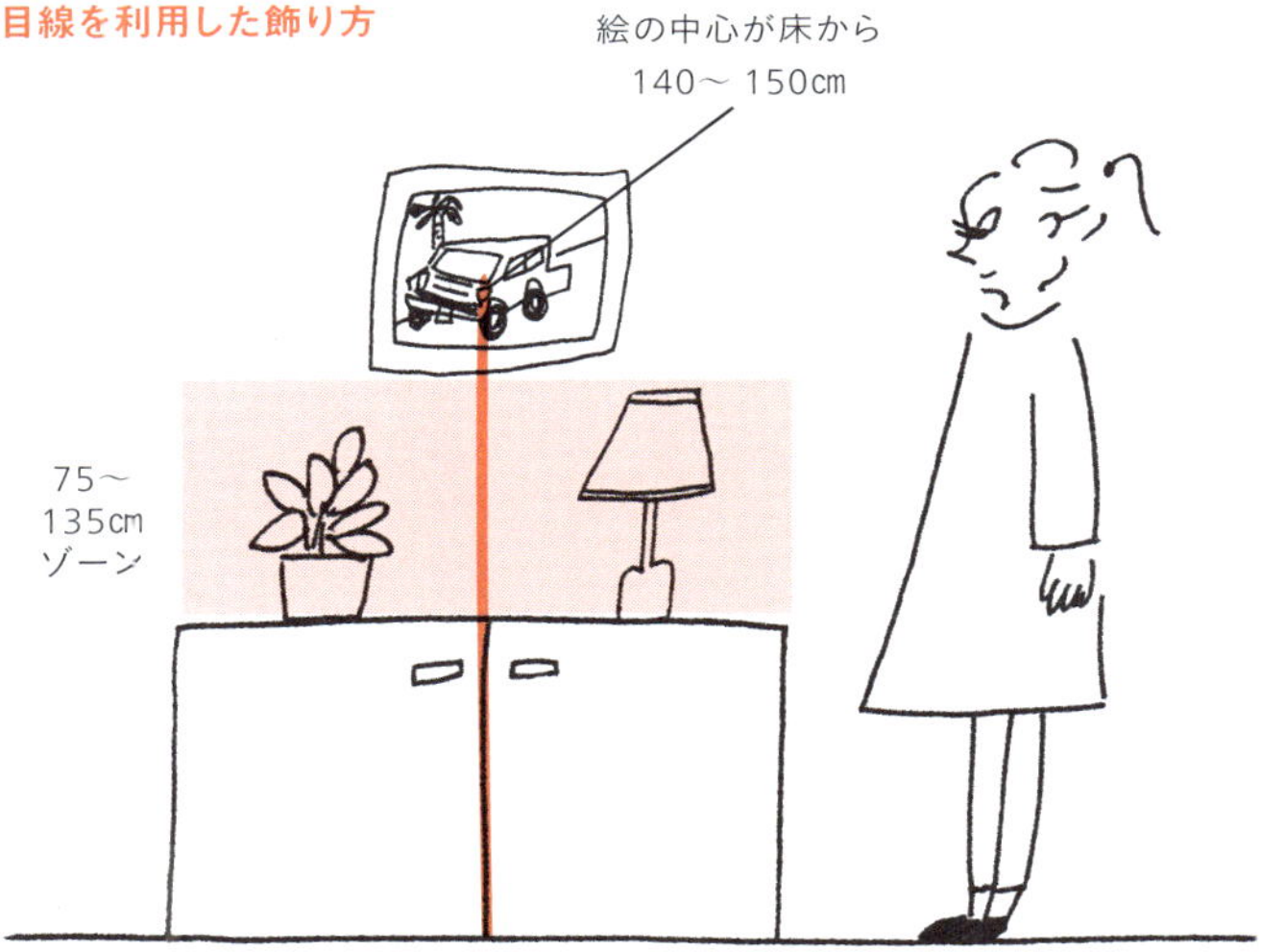

床から75〜 135cmのゾーンは、自然と人の目にとまりやすい高さ。
棚などにモノを飾るときは、この位置に合わせる。絵やポスターは、
140〜 150cmの高さに作品の中心を合わせるのがベスト。
人の目線が集まるゾーンを意識して配置すると効果的。

RULE 15

部屋にメリハリをもたらす法則

ラグを敷くと区切りが生まれる

モノで部屋を区切らず、ラグで部屋に境界線を生み出す。

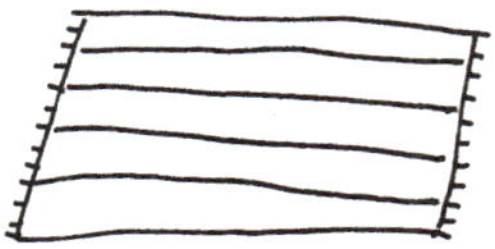

さっと敷くだけで**かんたんに部屋の印象を変えられるアイテム。それがラグです。**

カーペットと似ていますが、一般的に3畳くらいまでのタイプがラグで、部屋全体に敷き詰めるタイプをカーペットといいます。

「ラグって必要ですか?」とよく聞かれます。私の答えはイエス! ぜひ取り入れてほしいアイテムです。

ラグは小さいので気軽に取り入れられますし、デザインや色も豊富。カーペットはあまり冒険できませんが、ラグならいろいろ挑戦できます。

そしてなんといっても部屋のアクセントになるのです。

たとえばリビングとダイニングの場合、リビングにラグを「敷かない」のと「敷く」のとでは、どんな違いが出ると思いますか?

敷かない場合、リビングとダイニングのふたつのスペースに区切りがない状態になりますね。メリハリがなく、単調な印象になってしまいます。

一方リビングにラグを敷くと、ふたつのスペースの間に境界線ができます。すると、リビングは〝くつろぎスペース〟として分けられ、これがアクセントになるのです。

ソファの前にラグを敷くと、寝転がってテレビを見たり、床で子どもと遊んだりもできます。やっぱり日本人。床でごろごろできると、リラックス度もあがりますよね。

あとよく耳にするのは「おしゃれなので敷いてみたいけど、ダニやアレルギーが心配です」という悩み。

欧米では家の中でも土足で、床にはたいていラグが敷かれています。**ラグには靴の汚れやほこりを取る効果がある**からです。靴音もラグのおかげで響きません。

しかし、靴を脱いで生活する日本ではあまりなじみがなく、「ダニの温床になりやす

POINT!

ラグでメリハリを出す

BEFORE ラグを敷かない場合

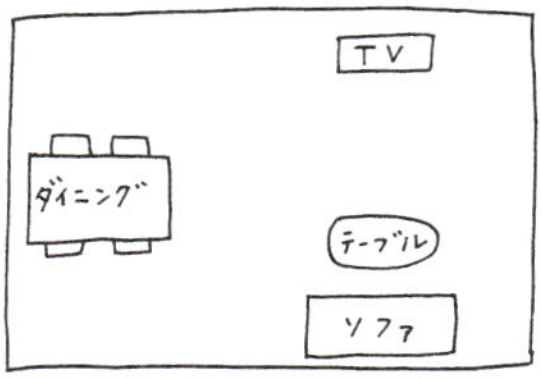

リビングとダイニングに区切りがない状態。
メリハリがなく単調な印象に。

AFTER ラグを敷いた場合

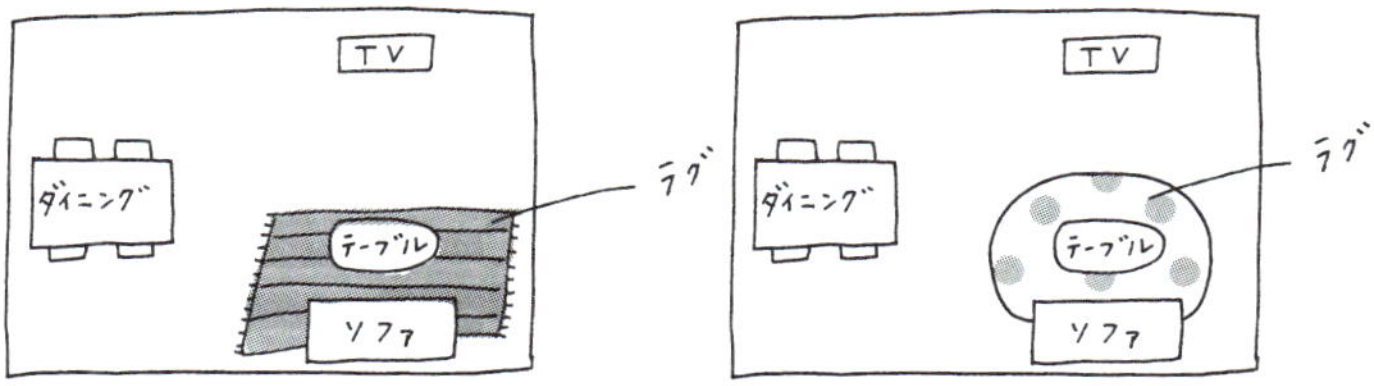

リビングとダイニングを家具で仕切らずにラグを活用する。
リビングがくつろぎスペースとして区切られて、部屋のアクセントにもなる。

い」「アレルギーの原因になる」と、先入観をもつ人が多いようです。

今の戸建住宅やマンションは、ほとんどがフローリング床材を使用しています。フローリングは掃除しやすく、清潔なイメージですが、じつは空気中にハウスダスト（花粉、ダニの死がいやフン、ペットの毛、カビ、細菌など）が、舞い上がりやすいのです。

アレルギー症状で困っているなら、ぜひラグを試してください。**ラグを敷くと、ハウスダストが舞い上がりにくくなる**ことが実証されています。

ラグのパイル（ラグの毛足）がハウスダストをからめとってくれるからです。

もちろん、それを除去したり、ダニが生息しないようにこまめに掃除機をかけたり、湿気対策で屋外に干したりするというメンテナンスは必要です。

最近では、「ダニ防止」「アレルギー防止」に特化したラグや、洗濯機で丸洗いできるラグも増えていますよ。

ちなみにお掃除ロボットを使用するなら、毛足が長いタイプ、厚みがあるタイプのラグはＮＧ。また、薄すぎてもめくれてしまいます。**厚さは２㎝以内で、毛足が短いラグ**がおすすめです。

RULE 16

センスのいいカーテンの法則

カーテンと窓はジャストサイズしかありえない

意外とサイズが合っていないお家は多い。
それはとても損している。

カーテンの幅や丈は、窓のサイズにぴったり合っていますか？

短かったり、長すぎたり、幅が合っていなかったりするカーテンを使っている人って、けっこう多いのです。

それもそのはず。窓はお家によってサイズが異なるので、引っ越すたびにカーテンを買い替えるのは面倒。しかもけっこう値が張ります。

「サイズが合わないけど、このカーテンけっこういい値段だったし、そのまま使おう」

「測るのが面倒。とりあえずこれでいいか」。

そんなみなさんの心の声が聞こえてきそうです。


でも、ファッションで考えてみてください。大柄なのに、サイズが小さくてはじけそうなシャツを着ていたら？　それが高級ブランドの服だとしても、ぜんぜんおしゃれに見えませんよね。

一方ファストファッションでも、ぴったり合ったサイズを着ると、すっきりと着こなしている印象になります。

カーテンだって同じです。必ずサイズを測って、窓にぴったり合ったカーテンを取り付けてください。213ページではカーテンの測り方を紹介しています。


なぜこんなにサイズにこだわるのか。

それは、**カーテンが部屋のレベルを決定づける重要アイテムだから**。

どんなにセンスよく小物を飾っていても、カーテンのサイズが合っていないだけで、一気に部屋が残念なことになると思ってください。

なぜなら面積が大きいから。つまりそれだけ大きな存在感だということです。

もし、どうしてもジャストサイズのカーテンを準備できない場合は、布用の両面テープで長さを調整してください。


カーテンには、透け感のあるレースカーテンと、それに重ねるドレープカーテンの2種類があります。両方つけるのが一般的です。

色や柄をどうするか。みなさん、悩みませんか？

ベランダや庭に面した窓は、高さ2mくらいのタイプが一般的。かなり大きい面なので、色や柄で部屋のイメージががらりと変わります。

迷ったときは、次のどちらにしたいのかを考えてみてください。

● **部屋を広く明るく見せたいなら〝白やベージュのカーテン〟**

家族やお客様が集まる場所、とくにリビング・ダイニングは広く明るく見せたいですよね。そのためには色は、白やベージュ系がよいでしょう。部屋を広く明るく見せる効果があります。迷ったら、壁と同じ色にしてください。さらっと部屋に溶け込みます。

● **個性的にしたいなら〝柄入りカーテン〟**

個性的にしたいなら大胆な色使いや柄ものがよいでしょう。とくに寝室や子ども部屋などプライベートな空間におすすめです。リビングとは違う雰囲気を楽しめます。また**小さい窓とも相性抜群**。まるで壁に絵が掛かっているように見せられます。

POINT!

カーテンで部屋の印象を変える

リビング・ダイニング

広く明るく見せたい部屋には、白やベージュ系のカーテンが◎。部屋に溶け込む色にすると、広く感じられて開放感が出る。

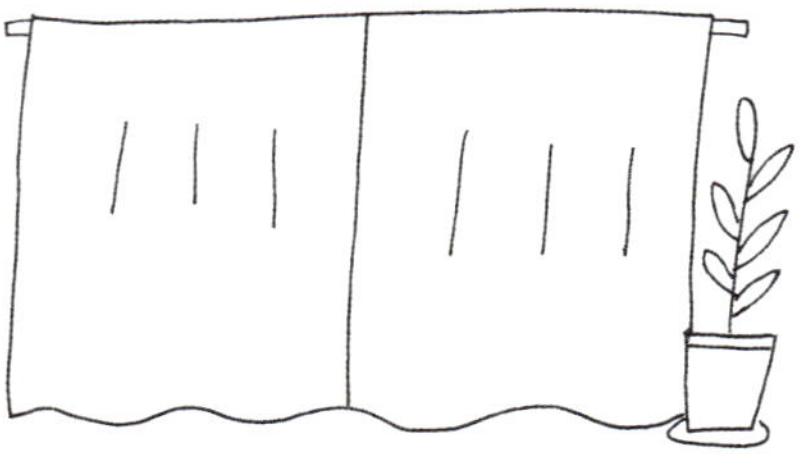

寝室・子ども部屋

プライベートな空間には、大胆な色使いや柄入りの個性的なカーテンを取り入れるのがおすすめ。リビングと違いが出て、メリハリが生まれる。小さい窓に柄入りのカーテンを合わせると、絵のように見えておしゃれ。

でも「色つきや柄ものは選ぶのが難しい！」という人も多いです。カーテン選びの**ポイントは、すでに部屋にあるモノと〝共通の色〟が入ったカーテンにすること**です。

たとえば、ベッドカバーや掛け時計に〝赤〟が入っていたら、柄に〝赤〟が入ったカーテンを選びます。黄色や緑など、赤以外の色が入っていたとしても、共通の色が入っていれば浮きません。

逆にカーテンの色から、飾る絵やモノを選ぶのもいいですね。

この法則を知っていると、カーテン選びで失敗しません。それに大胆なカーテンを取り入れられると、あか抜け度が格段にアップします。

ちなみに、カーテンを束ねるひものようなモノをタッセル（房掛け）といいます。タッセルはカーテンと同じ生地にするのが一般的ですが、今は手頃な価格でおしゃれなタイプがたくさんあります。たとえば木やガラス、貝殻を組み合わせたモノなど。カーテンとイメージをそろえると、あか抜けた窓まわりになりますよ。

RULE 17

美しく花を飾る法則

美しく見える花と花瓶の割合は1対1

それでも難しい場合は、茎をうんと短くして、花瓶から花が顔を出すようにすると決まる。

花のある暮らし、すてきですよね。

花が一輪あるだけで、部屋の印象が変わります。仕事から疲れて帰ってきたとき、家事でくたくたなとき、育児に追われたとき。部屋に飾られた花をふと見ると、気持ちがふわっと癒やされます。**ルール5**でもお話ししたとおり、植物には生命力があります。きっとそのみずみずしさに、私たちは癒やされるのでしょう。

また、花には片付け効果もあります。せっかく手に入れたお花。少しでも映えるように、部屋を片付けたくなりますよね。

家族も喜ぶので私もなるべく欠かさず、花を飾るようにしています。

とはいえ、花を飾ることにハードルの高さを感じる人もいるでしょう。慣れないと難しいですよね。

ここでは、かんたんな花の生け方やその他のポイントをご紹介します。

●一輪で飾る

もっとも手軽な方法です。「花ってけっこう高くて」と思っていても、1本だけなら200円程度で購入できます。

一輪ざし用の花瓶は100円ショップでも購入できます。でも、**わざわざ購入しなくてもコップ、ジャムやジュースの空き瓶でも充分**。そのほうが肩の力が抜けた感じになって、気合の入った花瓶よりもおしゃれに見えることもあります。

「1週間に1本」と決めて、花のある暮らしを始めてみませんか?

●1種類の花を数本飾る

「もっと華やかにしたいな」と思うときは、1種類の花を何本か飾るのがおすすめ。多種多色にすると途端に組み合わせが難しくなります。シンプルに、ピンクのバラを5本、黄色のカーネーションを3本というように、色や種類をしぼるとハードルが下がります。

POINT!

花と花瓶の割合に注目

バランスのよい生け方

花瓶と花の長さは1対1がバランスがよい。うまくいかない場合は、花瓶の口から花が顔を出すくらい短く茎を切って生けると、まとまる。

生けやすいおすすめの花

カーネーション、ガーベラ、ラナンチュラスが生けやすくておすすめ。一輪でも存在感があり、日持ちもする。トライするのにちょうどいい。

花束は分けて飾る

思いがけずもらった大きな花束。なかなかうまく生けられず、とりあえずそのままばさっとサイズの合っていない花瓶に入れてしまうことはありませんか？　年に数回あるかないかの機会。新しい花瓶を購入するのももったいないですね。何より大きい花瓶は場所をとります。そんなときは、花束を小分けにして飾るのがおすすめです。

それをいろんな場所に置くのもいいですし、**ルール8**のように3つ並べるのもいいですね。ダイニングテーブルの中央に、背の高い花や低い花を並べると華やかになります。

花を買ったら最初にすること

花の近くの葉を2～3枚残して、ほかの葉はすべて取り除きます。こうしておくと、葉が水に浸かって腐るのを防げます。水が汚れなければ、花も長持ちします。また、葉がばさばさと広がらなくなるので、生けやすくなりますよ。

美しく見える花と花瓶の割合

花瓶と花の長さを1対1にするとバランスが整います。でもそれもなかなか難しいことも。うまく飾れない人のためによい方法があります。それは**花瓶の口から花が顔を出すくらい短く茎を切ってしまうこと。**すると花がバラバラとせず、まとまります。

おすすめの花

初心者におすすめなのが、カーネーション、ガーベラ、ラナンチュラス。日持ちがよく花の色が豊富です。また、一輪でも華やかで絵になります。

花は、リビングだけでなく玄関やトイレ、寝室など、さまざまな場所に飾れます。何千円、何万円もかけてモノを買うよりも、数百円の花のほうがずっと気軽。ぜひ飾ってみてくださいね。

RULE 18

部屋に奥行きを生む照明の法則

照明を1個だけプラスする

理想は一室多灯。陰影が生まれて部屋が広く見える。

照明ってハードル高くて……。これが世間一般のイメージだと思います。

賃貸マンションにお住まいのあるご夫婦。ご自宅に伺ったところ、リビングとダイニングにそれぞれついていたのは、青白っぽい光で、天井に直接取り付けられた円形の照明でした。一般的な家でよく見るあのタイプですね。

じつは、部屋にこのタイプの照明のみというのは、あまりおすすめできません。部屋全体に光がパーッと行き渡るので、明るさはあります。でもそのぶん部屋がのっぺりして、殺風景な印象になってしまうのです。ここでいう「部屋がのっぺりする」というのは、白っぽい光で均一に明るいこと。リラックス効果も弱まります。

コンビニをイメージしてください。商品名がはっきり見えるように、白っぽいパーッと明るい照明ですね。でもけっしてリラックスできる雰囲気ではありません。それと同じ部屋になっているということです。

実際、このご夫婦は「好きな家具を置いているのに、なんだか部屋がさみしい。リラックスできない」と言っていました。そこで私が提案したのが、照明です。

ダイニング側の照明を、吊り下げタイプのペンダントライトにチェンジ。電球は黄色っぽい光にしました。

さらにソファ脇のサイドテーブルに、テーブルライトを置きました。効果は抜群！　白っぽい光で煌々《こうこう》とした部屋が、落ち着いた雰囲気の部屋に変身。「照明でこんなに変わるのですね！」と大喜びしてくれました。

そう。照明で部屋はがらりと変わるのです。

照明のポイントをご紹介します。

❶電球の色に注目

現在はＬＥＤ電球が主流。ＬＥＤ電球は大きく分けて「昼光色《ちゅうこうしょく》」「昼白色《ちゅうはくしょく》」「電球色」の３つがあり、それぞれ次の特徴があります。

- **昼光色**⬇青っぽい寒色系の色。青みがかった色は脳を冷静に保ち集中力を高めるといわれ、仕事や勉強をする**書斎や子ども部屋**に向いています。
- **昼白色**⬇白っぽい色でナチュラルな光。太陽に近い自然の色なので、メイクをしたりする**洗面所**、手元がよく見えるようにしたい**キッチン**などに向いています。

・**電球色⬇**黄色っぽい暖色系。落ち着きのある色なので、**ダイニングや寝室**に向いています。

❷一室多灯にする

一室多灯とは、ひと部屋にひとつの照明（一灯）だけでなく、複数の照明（多灯）を組み合わせて置くことです。

たとえばメインの天井灯のほかに、テーブルに小さめのライトを置いたり、床置きのフロアランプを置いたりすると、光の陰影ができます。すると部屋に立体感が生まれるのです。まさにのっぺりの反対ですね。部屋も広く感じます。

子どもがテレビを見ているときは天井灯で全体を明るくする。夜、夫婦でお酒を飲みながらゆっくり語らうときは、ペンダントライトやテーブルライトだけにする。そんなふうに生活シーンに合わせて、一室多灯で照明を楽しむといいですね。

複数の照明なんて無理……と感じる人には、もっとも手軽なクリップタイプのスポッ

POINT!

メイン以外の照明を取り入れる

BEFORE

一般的な部屋

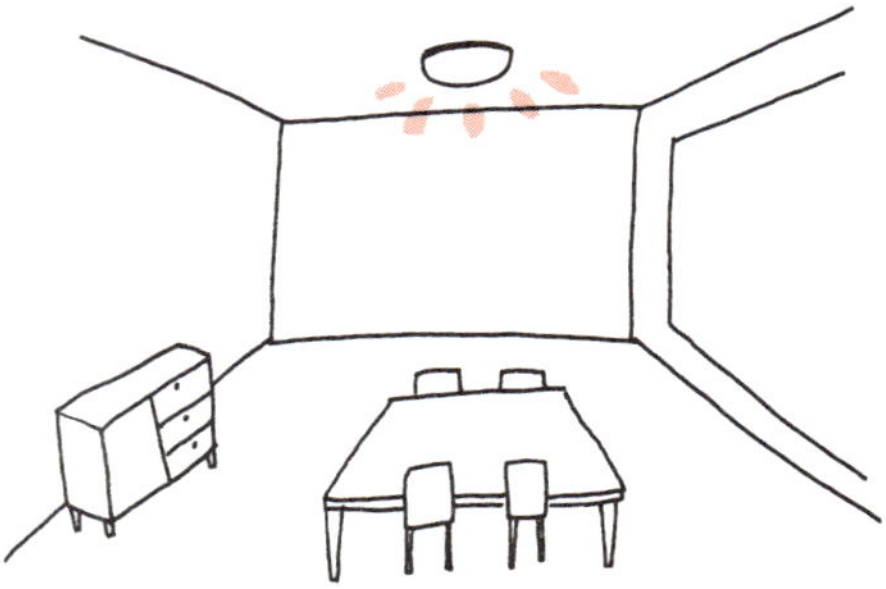

丸型のシーリングライトがひとつ。これだけだと、
部屋がのっぺりしてさみしい感じに。

▼

AFTER

一室多灯にする

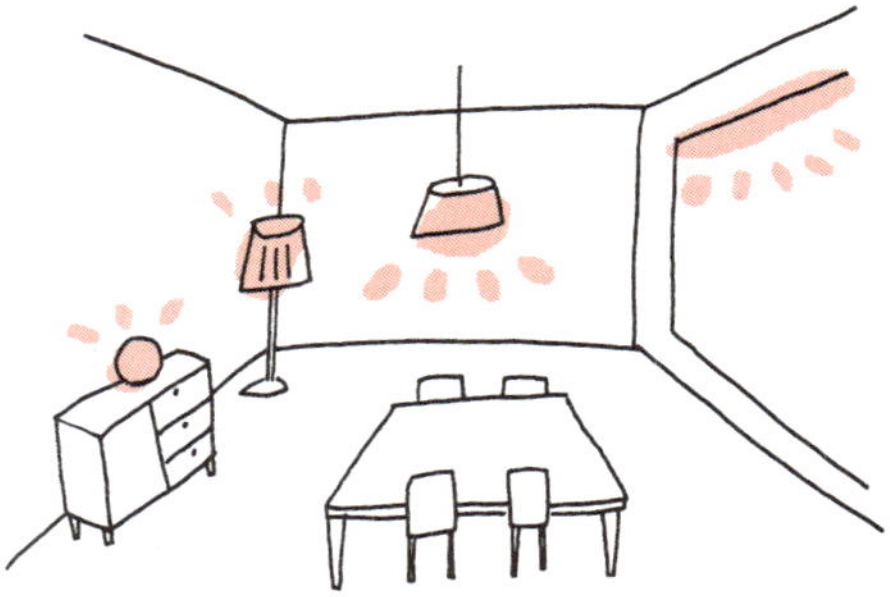

メインのほかに、複数の照明を組み合わせる。光の陰影が生まれて、
部屋が立体的に。奥行きが感じられて部屋も広く感じるようになる。

トライトがおすすめです。観葉植物の鉢のフチや、テレビの後ろなどにはさんで取り付けます。この**スポットライトを一灯プラスするだけでも、陰影が生まれてドラマティックな空間に。**照明はハードルが高いなんて思わず、ぜひ試してみてほしいアイテムです。

最後にちょっと余談です。

文豪、谷崎潤一郎が昭和8年に発表した随筆に『陰翳礼賛《いんえいらいさん》』があります。インテリアスクールで勉強を始めたとき、先生にすすめられて読み、大変感銘《かんめい》を受けた作品です。

昭和8年は、ちょうど日本人の生活様式が和から洋へ変化した時期。煌々《こうこう》と電気がつき、明るいのがよしとされる時代の流れを嘆き、まだ電気がなかった頃の日本の日常風景だった、障子からもれるほのかな明かりや部屋の奥の黒い影。その陰影にこそ日本古来の美しさがあった。そんなことが書かれていました。

光と影。これこそ現代の照明を考えるときにも、大切なことなのです。

RULE 19

センスのいい本棚の法則

本棚をインテリアとして考える

「本が多い」を逆手にとって、いっそ本そのものをインテリアにしてしまう。

電子書籍が増えてきたとはいえ、本が多くて困っているというお家も少なくありません。センスのいい本棚にしたい！　というリクエストもよくあります。

わが家も夫婦そろって蔵書が多くて、毎月購読しているインテリア関連の雑誌、旅先で購入した洋書、単行本など本は増えるばかりです。

でも、**本のある部屋は住まう人らしさが出ていい**ですよね。置き方、飾り方しだいで、すてきな本棚になりますよ。

次のステップを参考に、センスのいい本棚をつくってみましょう。

❶本の量を把握する

残念ながら、本を収納できるスペースには限りがあります。一度本棚からすべて取り出し、量を確認して、不要な本は思い切って処分しましょう。

❷種類分けをする

雑誌、洋書などの大型本、文庫、単行本など、サイズやジャンル別に分けます。

❸収納場所を決める

上の段 ⬇ 普段あまり読む機会はないけれど、どうしてもとっておきたい本を入れる。

中段〜下段 ⬇ お気に入りの一冊や、読む頻度《ひんど》の高い雑誌や本を入れる。思い出のアルバムは下段に入れるといいでしょう。

❹本の高さをそろえる

本を棚に収めたとき、高さが不ぞろいで凹凸ばかりだと、落ち着かない印象になります。なるべく本の背の高さはそろえましょう。

POINT!

しまう本棚から、見せる本棚へ

高さをそろえる

本の高さがふぞろいだと落ち着かない。文庫は文庫でまとめるなど、なるべく高さをそろえて並べる。

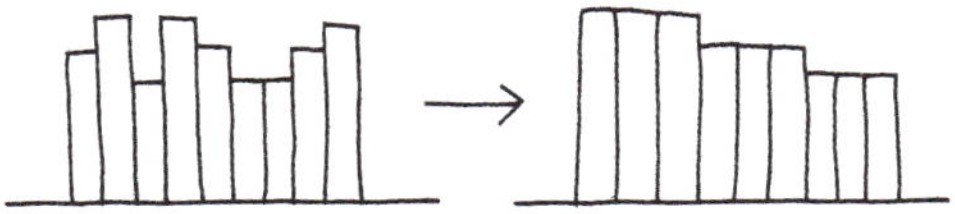

本のカバーをはずす

色味が多いとごちゃごちゃして見える。背表紙の色が目立つ本はカバーをはずす。

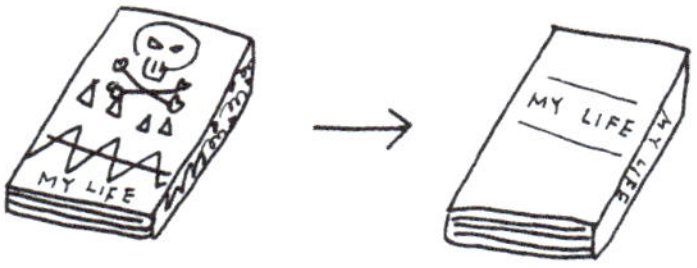

ブックエンドを使う

冊数が少ない段にはブックエンドを使って、意図的に空きスペースをつくる。モノや観葉植物を飾ったりして、ディスプレイコーナーに。
余裕が感じられてあか抜ける。

❺カバーをはずす

背表紙の色があまりにも目立つときは、思い切ってカバーをはずしてしまいます。

❻スカスカの段はブックエンドを使う

冊数が少ないと倒れやすくなります。そんなときはブックエンドを使いましょう。黒よりも、主張のない白やグレーのブックエンドがおすすめ。

❼空いたスペースにディスプレイする

ブックエンドを利用して空いたスペースには、ぜひ小さい観葉植物や雑貨などをディスプレイしてみましょう。また、すてきな装丁の本や洋書などは、表紙が見えるように置くのもおすすめです。どこか1ヶ所にそういった「抜け」をつくってみましょう。単純に本を収納する棚から、インテリアとしての本棚に変わります。

❽厚みのないモノはファイルに入れる

厚みのない本や雑誌は倒れたり、折れ曲がったりしてしまいます。クリアファイルに入れて下段に収納するとすっきりします。

いかがでしたか？

ほんの少しの工夫で、センスのいい本棚になっていきます。**「本が多くて困る」というストレスから、「本をインテリアにする」という発想**に変えてみてください。きっと知的であか抜けた空間になるはずです。

RULE 20

センスよく写真を飾る法則

写真はモノクロにするとギャラリーになる

モノクロはどんな部屋にも合うし、素人が撮った写真でも、フォトジェニックな雰囲気になる。

「飾るなら、絵よりも写真派です！」という人もいます。

結婚式の記念写真やマタニティフォト、子どもの写真、旅の思い出など、人生の歩みを感じられる**写真を飾るのは、オリジナリティが出てとてもすてき**です。

またプロの写真家による迫力ある写真や、繊細な写真もいいですね。

でも色が鮮やかだと、部屋のまとまりが悪くなりがちなのがマイナスポイント。実際にお客様のお家に伺うと、飾っている写真自体はとてもよいのだけれど、部屋に合っているかというと、う〜ん……と考えてしまうことも。

そこで私のおすすめは、モノクロ写真です。

モノクロ写真はカラー写真と違って、色が使われていないぶん、主張しすぎません。シンプルなので、どんな部屋にも合うのがよいところ。フレームも選びません。

もし、お気に入りのモノクロ写真がない場合、自分で撮影した画像をモノクロ加工してみてください。

以前、あるご夫婦のお客様に、鏡と何枚かのフレームで壁を飾る提案をしました。フレームに入れるモノを何にしよう……と考えたときに思いついたのが、写真のモノクロ加工。

新婚旅行の風景、お2人の後ろ姿、かわいがっている猫の写真などをチョイス。データをいただきパソコンでモノクロに加工し、A3とA4サイズにプリントアウトしたモノをフレームに入れて納品しました。「まるで、ギャラリーみたいです！」と、とても喜んでくださいました。

風景や家族写真など、カラフルな写真の場合、せっかく飾ってもごちゃごちゃした印象になりがちです。それがモノクロになると、一気におしゃれなアートに早変わり。お金をかけずに、**素人が撮った写真でも、フォトジェニックな一枚**になります。

フレームに入れて複数枚飾ってみると、さらにセンスアップしますよ。

第3章

今よりあか抜ける
場所別のルール

第2章のルールを場所別にあてはめて紹介。
さらに具体的にお部屋の悩みを解決します。

場所別のルール

あか抜ける「リビング・ダイニング」

この章からは第2章で紹介したルールをもとに、部屋別に見ていきます。まずはリビング・ダイニングから。

リビングは家族がいちばん集まる場所なので、みんなが居心地よくくつろげることが大切です。また来客を通す場所でもあるので、おもてなしの役割も兼ね備えたいですね。

〝すてきな部屋〟〝居心地のよい部屋〟と印象づけるためには、

扉を開けたときに何が見えるのか？

部屋の中に入って、ソファやダイニングの椅子に座ったとき、何が見えるのか？

この〝何が見えるか〟を意識することが大切です。

第2章の**ルール1**でお話ししたように、入口から見て対角のスペースはいちばん目がとまる場所。まずはこのスペースにフォーカルポイント（見せ場）をつくりましょう。

入口からテレビが見えないようにする

いろんなお宅を見て実感すること。それはいちばんいい場所にテレビが置かれていることが多いことです。これ、非常にもったいないのです。テレビは電源が入っていないと、ただの黒いかたまり。入口を入って対角にテレビがあると、部屋全体の印象が無機質で冷たい感じになります。

入口から見た対角には、**テレビではなくソファを置いたほうが、断然あか抜けます。「おかえりなさい」「いらっしゃい」というウェルカムな雰囲気になります。**

コンセントの位置が限られているなら、延長コードを使う手もあります。それでも動かせない場合は、テレビではない〝別なモノ〟に目線がいくようにしましょう。テレビ台の横に大きめの観葉植物を置いたり、天井からグリーンを下げたり、壁に絵を飾ったりするのもおすすめです。植物や絵に目線がいくように仕向けると、無機質な感じがやわらぎます。

とにかくリビングの特等席にテレビを置くのをやめる。それが無理なら、テレビのまわりを飾る。

これだけですっきりとあか抜けた部屋になります。

ソファにふんわりと〝布〟を掛ける

リビングで大きい面積を占めるソファには布を掛けてみてください。

それだけで、おしゃれな雰囲気になります。ソファの汚れ防止にもなりますし、何より新しいソファに買い替えた気分を味わえます。

ポイントは布をぴちっとさせずに、ふんわりと全体に掛けること。ちょっとシワがあったほうがこなれた感じになります。テーブルクロス、ベッドのシーツ、ベッドカバー、なんでもいいので、ソファ全体をおおう大きいサイズの布がいいですね。色はベージュやグレーがおすすめ。どんな部屋とも合いますし、そこにカラフルなクッションを並べれば、ソファが一気に華やぎます。

掛け時計は〝左右どちらか〟に寄せる

掛け時計は、壁のどこに飾っていますか？　壁の真ん中？　右端？　左端？

私の経験上、真ん中に飾ってあるお家がほとんど。その理由をたずねると「部屋のどこからでも見えるように」というのが9割方の返答なのですが……。

掛け時計は、壁の真ん中にぽつんとあるよりも左右どちらかに寄せるとバランスがよくなります。しかも**部屋の入口から奥のほうにあると、より安定感が出ます。**

高さは扉や窓よりも少し高い位置にすると、見やすいですね。

一般的な部屋の広さなら、部屋の奥に時計があって見えないということはほぼないので安心してください。

▼〝植物〟か〝絵〟を飾れば、なんとかなる

「何を飾ればいいのかわからない！」という お手上げ状態の人には、観葉植物と絵。これを置けばなんとかなります。絵は写真、ポスターでもＯＫ。子どもの絵ならフレームに入れると様になります。

これをリビング、ダイニングのフォーカルポイント、つまり入口の対角に置いてみましょう。

▼カーテンは〝控えめ〟がキーワード

リビング、ダイニングは家族や来客が集まる場所。少しでも広く、明るく見せたい

もの。

部屋を広く見せたいなら、カーテンは白やベージュ系。主張しない色のほうが、さらっと部屋に溶け込みます。色がさみしいな……と思うなら、難易度の高いカーテンではなく、クッションや小物でアクセントをきかせると失敗しません。

ダイニングの椅子はそろえなくてもいい

「ダイニングテーブルと椅子4脚の5点セットを購入しました」という人、多いと思います。この場合、テーブルと椅子のすべてがそろっているので〝落ち着いた印象〟になります。

逆に「そろえなければいけない」という決まりもありません。**テーブルと椅子の素材やデザインが違うと〝カジュアルでおしゃれな印象〟**になります。たとえばガラスのテーブルに木の椅子を合わせてもすてきです。

落ち着いた印象か、カジュアルな印象か、好みで選ぶとよいですね。

すべて異なるデザインの椅子にしてもOK。4脚中、2脚ずつ違う椅子もいいですね。まるで**カフェのようなダイニングスペースになります**。

でも、いきなり挑戦するのは、ちょっとハードルが高いかもしれません。そんなときは、デザインは同じで張り地が色違いの椅子を選ぶのがおすすめです。

ダイニングの照明は、低く吊るす

「部屋が明るいほうがいい」と、ダイニングもリビングも同じ照明にしている人が多いと思います。

しかし私は声を大にして言いたい！

ダイニングにはペンダントライト（吊り下げタイプ）を設置するのがベストだということを。

一般的なダイニングは、よくあるシーリングライト（丸型の天井灯）だと思います。これだとリビングと同じになってしまい、部屋が白っぽく、のっぺりとした印象になりがちです。

ペンダントライトで、明かりの高低差をつけると部屋にメリハリが出て、ぱっとあか抜けます。デザイン性も高く、点灯していなくても、部屋を飾るアイテムになってくれます。

電球は電球色がおすすめ（P129）。黄色っぽいあたたかな明かりが、料理をおいしそうに、そして食卓を囲む人の顔をきれいに照らしてくれます。ドラマティックな食空間を演出してくれるのです。

一般的にちょうどよいとされる高さは、**テーブル面からペンダントライトの下部までの距離が60～80㎝**。かなり高いところに吊るしているお宅が多いのですが、それだと光が拡散してしまい本来照らすべきテーブル面が暗くなってしまいます。

また、「食事中に頭がぶつからないかしら?」と心配する方がいますが、標準的なサイズのライトなら大丈夫。今までコーディネートしたお宅では65～75㎝にすることが多いです。ぜひ高さを見直してみてください。

場所別のルール

あか抜ける「ベッドルーム」

ベッドルームはプライベートな空間です。だからキーワードは〝リラックス〟。

気持ちよく眠れる。

そしてさわやかに目覚められる。

そんな部屋にしたいですね。快適に過ごせる配置や、ちょっとした工夫をお話しします。

▼ホテルの部屋を参考にすればいい

ホテルの部屋を思い浮かべてください。ベッドはどんなふうに配置されていますか？

多くのホテルでは、ベッドヘッド（ベッドの頭側）が壁側にくるよう、配置されています。窓にかぶらないようになっているはずです。

なぜなら頭を窓側にすると、窓からの冷気で冷えたり、朝の光がまぶしかったりして、快眠できないからです。

もし頭側に窓があるようにベッドを配置していたら、今すぐ変えましょう。安心感が出て落ち着きます。

ベッドヘッドを壁につけたら、その上に絵やポスターなど何か飾ってみましょう。かんたんにフォーカルポイント（見せ場）をつくることができます。ホテルの部屋もベッドヘッドの上に絵が飾られているはずです。

ベッドに布を1枚掛けるだけ

ベッドまわりの布類はいろいろありますが、私のおすすめアイテムは、ベッドカバーです。
ベッドカバーとは、掛け布団の上に掛ける大きな布のこと。ほこりよけの役割があります。でもなんといっても、さっと掛けるだけで部屋のアクセントになります。ホテルのベッドにもベッドカバーが掛かっていることがありますよね。

シーツや布団カバーが白やベージュのシンプルな無地なら、このベッドカバーで色を取り入れると失敗せず寝室が華やかになります。

イケア（ＩＫＥＡ）などのインテリアショップでも販売されていますし、**正式なベッドカバーでなくても、大きめの布ならぜんぜんＯＫ。**

布団が見えると、生活感が丸出しになりませんか？
とくにワンルームの場合、急な来客時に困りますよね。でもベッドカバーをさっと掛けるだけで、まるでホテルのようによそゆき顔の印象になります。
布団の上に、もう１枚布がプラスされることにもなるので、保温性もアップ。また、夏はタオルケット派の人にも、おすすめ。ベッドカバーを足元に置いておくと、ちょっと肌寒いときに重宝しますよ。

寝室には〝サイドテーブル〟がいい

ベッドの横にはサイドテーブルがおすすめです。

そこにテーブルライトを置くといいですね。またスマホや本、メガネ、緊急時用の懐中電灯などを置いておけるのも便利です。

サイドテーブルがない場合、**おしゃれなふた付きのバスケットや椅子でも代用可能**です。意外性が出て、よりあか抜けたベッドルームになります。

サイドテーブルを置くスペースがないなら、宮付きベッドがあります。ベッドヘッドにモノを置いたり、収納できる棚がついたベッドです。

寝室のカーテンは好み優先で

「寝室は眠る場所だから、落ち着いた雰囲気にしたい」と考える人が多く、濃いグレーやこげ茶色のカーテンを選びがちです。

でも寝室はいちばんプライベートな空間。シンプルなカーテンはリビングにまかせて、寝室にはもっと大胆に自分の好きな色や柄を取り入れてみてもよいと思います。

その際に注意したいのは、色の選び方。部屋にある家具やモノ、たとえば絵や雑貨などの色と、最低1色はリンクさせることです。すると失敗しません。

また、「寝室のカーテンは遮光《しゃこう》にしたい」という人が最近は増えています。以前の遮光カーテンは、ごわごわした生地で、デザインもイマイチでした。でも今は一般的なカーテンと同じように色や柄が豊富です。遮光カーテンには次のように等級があります。

- **遮光1級**⬇部屋を真っ暗にしたい場合。光をほとんど通さない
- **遮光2〜3級**⬇真っ暗ではなく、朝陽や西陽をやわらげたい場合

ちなみに同じ等級でも、生地の色、柄によって遮光効果が変わります。濃い色は光を吸収するので、光が通らずに遮光効果が高くなります。逆に薄い色や白っぽい色は少し光を通しやすくなります。

等級だけで判断せず、できればショールームに行ったりサンプルを取り寄せたりして、確認することをおすすめします。

照明は壁を照らす

天井にひとつしか照明をつけていない場合、もうひとつ照明を足してみてください。**テーブルライトやフロアライト、クリップタイプのスポットライトなど、種類はなんでもOK**。アロマランプもいいですね。部屋がぐっとリラックスモードになります。

背の低いフロアライトは、床に置く。背の高い照明やクリップタイプなら、壁面を照らす。こうすると、直接光源が見えません。また陰影が生まれて部屋が広く見えます。

ここで覚えておいてほしいのは、**照明は手元を明るくするだけのモノではない**ということ。何かをはっきり見えるようにするだけでなく、リラックス効果を生むのも照明です。

先日、1人暮らしの男性の部屋に伺いました。

大学生から何も変えていないという部屋は、いかにも〝学生の1人暮らし〟といった感じ。30代なかばでもう少し大人っぽい部屋にしたいというリクエストでした。

そこで私は、無印良品のアロマランプが棚の高いところに置いてあったのを見つけます。それを床置きにしてスイッチオン。すると床からやわらかな明かりが灯り、一瞬でムード満点に。

また会社の先輩から譲り受けたという、使いみちに困っていた背の高いフロアライト。これを部屋の隅（フォーカルポイント）に置き、壁面に光を向けてスイッチオン。すると壁が照らされて、部屋に奥行き感が出て広く見えると喜んでくださいました。

「照明」と私が言うとみなさん、難しそう……と顔を曇らせます（笑）。でも本当に瞬時におしゃれな部屋になるので、ぜひだまされたと思って照明を足してみてください。安価なタイプで構いません。

ポイントは、「床に置く」「壁を照らす」です。

場所別のルール

あか抜ける「子ども部屋」

ここでは部屋で勉強するという前提で、子ども部屋づくりのコツをお話しします。

▼子どもらしさは布で出す

子ども部屋は、10年くらい模様替えをしない方が多いようです。何度も模様替えするとお金もかかりますしね。

でもその間、小学生だった子どもは大学生に。幼いうちはぴったりだった動物柄や乗り物柄の壁紙も、成長とともに違和感が出てきます。

ここは長い目で考えましょう。ポイントは

- 壁紙やカーテンは、無地や控え目な柄にする
- 気軽に替えられるモノ（ラグ、ベッドカバー、クッションなど）に、子どもらしい柄を取り入れる

こうしておくと、年齢とともに手軽に模様替えができます。

子ども部屋には緑がおすすめ

わが家には高校生の娘がいます。子ども部屋をつくったのは小学生のとき。その際、壁の一面だけを淡い緑に塗装しました。子ども部屋は白だけでなく、部分的に色を取り入れると海外のお部屋のようにかわいくなります。

当時娘はピンクが大好きで、おもちゃやぬいぐるみはピンクばかり。なので、白を基調に緑、そしてピンクの小物が映えるようにしました。ちなみに**緑は〝中性色〟**。**暖色でも寒色でもなく、どんな色とも合わせやすい色**です。季節を問わず使えて便利ですよ。

成長した今でも緑の壁はそのままで、好きなモノを飾って楽しんでいるようです。
ちなみに緑以外で考えるときは

- 暖色系（赤、オレンジ、黄色など）⬇元気が出る色。明るく楽しい感じの雰囲気になる
- 寒色系（青）⬇勉強に集中できる色。すっきりと落ち着いた雰囲気になる

このふたつの系統で考えると選びやすいです。

勉強に集中できるレイアウトがある

子ども部屋でいちばん気になるのは、勉強机の配置ではないでしょうか。次の2つがポイントです。

❶勉強机は壁に向かって置く
❷入口に背を向けないレイアウトにする

すると勉強に集中できやすくなります。

以前、風水の専門家の方に話を伺ったら
「勉強机が窓に面していると、窓の外を眺めて注意力が散漫になる」
「入口を背にすると、背後に対する危機感から集中できない」
とおっしゃっていました。

そこで思い出したのが、ドラえもんに登場するのび太くんの部屋。

まさに風水の専門家がNGを出した部屋ですよね。私が記憶するのび太くんの部屋は、勉強机の後ろに、いつもママがすごい剣幕で怒りながら入ってくる扉。そして勉強机の前には窓が！ これ、まったく勉強に集中できない配置です、はい。

入って左側の奥、目の前が壁で扉に対して垂直に勉強机を置くと、もう少しのび太くんも勉強に集中できるかもしれませんね。

ちなみに学生時代の私の部屋も勉強机の前が窓でした。

おっしゃるとおり、よくぼ〜っと空を眺めていました（笑）。

照明選びが子どもの健康を決める

目が悪くならないように、子ども部屋はつねに明るく！　と考えていませんか？

じつはこれ、誤解です。

人は朝になると目覚め、夜になると眠くなります。

このリズムを調整しているのは、体内時計です。この体内時計は5歳くらいまでに完成するといわれています。

夜でも煌々《こうこう》と明るい昼光色だと、体はまだ昼間だと錯覚してしまいます。その結果、眠気を引き起こすホルモンが分泌されにくくなり、寝つきが悪くなることが実証されています。つまり、体内時計が狂ってしまうのです。


なので、ここでもやはり一室多灯です。

遊ぶときは全体を明るくするシーリングライト（天井灯）。読書や勉強をするときは昼光色のデスクライト。そしてリラックスするときには、電球色のテーブルライトがあると、子どもの体に負担をかけません。

もし多灯が難しければシーリングライトは、リモコンで調光（光の強さを調整）・調色（光の色を調整）できるタイプが便利。遊ぶときと眠るときで調整しましょう。

おもちゃをおしゃれに収納する方法

子どものおもちゃや絵本は、鮮やかな色が多いですよね。まるで色の洪水です。どうしても散らかって見えてしまいます。

でも、毎日遊ぶモノなので全部しまい込むわけにもいきません。

そこで、おもちゃは「見せる収納」と「隠す収納」を組み合わせて、片付け上手を目指しましょう。

●「見せる」収納

文字どおり、収納せずに見せる方法です。

見せるおもちゃチームは、**色が似ているモノ、見せたくなるおしゃれなデザインのモノ、本**。この3つが代表選手です。

置く場所を決めたら、近い色同士を固めて飾るように置いてみてください。

●「隠す」収納

隠すおもちゃチームの代表選手は、**大きいおもちゃ、こまごましたおもちゃ、カラフルなおもちゃ**です。

まず、大きいおもちゃ用の〝なんでもボックス〟をつくります。使ったら、とりあえずここへさっと収納。

メモ帳やシール、小さいおもちゃなど、こまごましたモノ用には、大中小のボックスを用意。それぞれ入れるモノを決めて収納します。遊んだあとは、そこに戻すだけの状態にします。

ボックスはカラフルなプラスチックケースよりも、布製やラタンのかごなどのほうが部屋になじみます。リビングに置いても浮きません。

とにかく、〝見せる収納〟は色をなるべくそろえる。〝隠す収納〟は、とりあえずさっと入れるものを用意することです。

そして片付けがすんだら、「上手にできたね」「昨日よりもはやくできたね」と、ほめてあげてくださいね。

子ども部屋のおすすめアイテム

小学生のお子さんがいるご家庭では、ランドセルの置き場に悩む方が多いです。

ランドセルのほかにも、習字セット、体操服、教科書やプリントなど、道具はたくさんありますよね。

「うちの子、いつもランドセルや体操着をほったらかしにするんです……」と言うお母さんがいます。でもそれは、どこに置いたらいいのか、わからないだけかもしれません。

なので**学校の道具を一式まとめて置ける場所をつくる**とストレスが軽減します。

便利なのがランドセルラックです。インテリアショップやネット通販で購入できます。

幅45～60㎝とコンパクトなタイプが多く、移動も楽チン。低学年のうちはリビングの一角に置いておき、自分の部屋で勉強するようになったら、子ども部屋へ移動させるとよいでしょう。

場所別のルール

あか抜ける「玄関」

玄関は、その家の第一印象が決まる場所です。スペース自体がせまいので、少し変えるだけで効果が出る、手軽な場所でもあります。

▼感動する玄関のつくり方

初めて訪問するお家で、靴入れの上、思わず見てしまいませんか？　ここがきれいにディスプレイされていると、好印象。それだけで〝ちゃんとした人〟という印象につながります。ポイントをご紹介しましょう。

●日常アイテムは隠す

家や車の鍵、腕時計、印鑑などを置いている場合、ふた付きの小物入れや、深めのトレイに入れ、目にとまらないようにします。生活感が出ないようにしましょう。

●靴入れの上を飾る

靴入れの上に何か置けるスペースがあるなら、**三角形の法則**（P72）、**同じモノを3つ並べる法則**（P78）を使って、植物やモノを飾ります。

靴入れの上は、スペースが比較的せまいので、法則を試してみるのにおすすめです。

●玄関の壁を飾る

壁に絵やポスターを飾ると、おしゃれになります。

また**スワッグを飾ると、今どきな空間に**。スワッグとは壁飾りのこと。生花店やカフェで、花束を下向きにして壁に飾ってあるのを見たことがありませんか？　写真映えするのでSNSでも人気です。ヨーロッパでは、魔よけや幸福を呼ぶために飾るそう。スワッグのつくり方はかんたんです。好きな花やグリーンを束ねて、麻紐でぎゅっとまとめるだけ。リボンでもいいですね。それを下向きにして壁に飾ります。ドライになるまで楽しめて、ちょっと外国っぽい雰囲気の玄関になります。

靴は少なければ少ないほどいい

「ここのお家って何人家族でしたっけ?」とびっくりするくらい、靴が散乱している玄関があります。玄関は靴が少なければ少ないほど、あか抜けます。**暮らす人の人数分だけの靴が出ている状態**。これがベストです。

風水的には、玄関はよい気を取り込む入口。靴を収納して、きれいにしておくと、財運が高まるといわれています。財運です! 何がなんでも、靴を収納したくなりますね(笑)。

ただ、玄関に出しておきたい靴もあります。サンダルや子どもにさっと履かせたい靴は出しっ放しにしておいたほうが便利。そういう普段使いの靴は、コンパクトなシューズラックを使うと、せまい玄関も有効に使えます。上下に靴が置けるシューズラックに、4足くらいと決めて収納し、玄関脇に置くといいでしょう。

傘立ては玄関になじませる

家族それぞれの傘、折りたたみ傘、急な雨で買ってしまったビニール傘……傘立てにいろんな傘がぎゅうぎゅうに入っていませんか？　よくチェックすると、使えないモノもけっこうあります。まずは点検して、いらない傘は処分しましょう。**傘は家族の人数分にプラス1本あれば充分**です。

傘立ては、主張のないシンプルなタイプを選びます。具体的には色は白、グレー、黒のいずれか。素材は陶器より、木のほうがぬくもりがあって、あたたかな雰囲気になります。サイズは家族の人数分入れても、あと2〜3本入るくらいがいいですね。けっしてぎゅうぎゅうにさせないことです。

傘立てを置くスペースがない場合は、スチールの玄関扉に取り付けられるマグネットタイプの傘立てもあります。2、3本しか収納できませんが、「玄関がせまい」「なるべく玄関を広く使いたい」なら、こちらがおすすめです。

場所別のルール

あか抜ける「和室」

和室のある新築物件が減っています。でも中古物件ではザ・和室もまだ多く残っています。和室をどう活用したらいいのかわからない……という人へ、現代のライフスタイルに合う和室の整え方をお話ししますね。ちょっと苦手な部屋から、お気に入りの部屋に変わるかもしれません。

いっそ和室をモダンにする

リビング・ダイニングの隣にあることの多い和室。仕切りの戸を開けはなすと、リビングと一体になります。私がよく聞くのは

「リビングと、どうつなげればいいのかわからない」
「和室だけが浮いてしまっている気がする」
という悩み。リビングは現代風なのに、その隣に昔ながらの和室があると、ちょっとちぐはぐな印象になりますよね。

そこで、いっそ和室もモダン（現代風）にしてしまうのはどうでしょう。**手っ取り早く和モダンにする方法は、昔ながらの畳をやめてみること**です。

畳の特徴は、素材のイグサ。それにフチがある点です。その昔、畳のフチは模様や色で身分を表していました。もちろんそのイグサとフチが畳の持ち味なのですが、それがザ・和室を演出しています。

和モダンにぴったりなのが、フチのないフチなし畳。また、イグサではなく和紙を素材にした和紙畳です。イグサに比べて和紙畳は、ダニやカビの発生が少ない、ペットの爪や傷に強い、汚れをさっと水拭きできるなど、機能性にすぐれています。また、イグサのような緑以外に、茶色、ピンク、紺、グレーなど、カラーが豊富。リビング・

ダイニングに合うモダンな雰囲気にもなるし、子どもやペットがいる家にも安心です。

和室には〝脚の太い家具〟がいい

和室に合う家具は、背の低いタイプ。それに脚が太いタイプの家具です。床に座る時間が長い和室では、背の低い家具のほうが、圧迫感がありません。また、畳は弾力性がありやわらかいので、家具の跡がつきやすいのが欠点。家具の脚は細いタイプよりも、太いほうがおすすめです。畳との接地面が大きいので畳への圧が分散されて、跡が目立ちにくくなります。

障子紙の代わりに布を貼る

障子は日差しをほどよく取り入れてくれ、通気性も抜群。多くのメリットがありますが、子どもやペットがいる家ではボロボロに破けていることも。

破けてしまった場合、**障子紙の代わりに布を貼ってみましょう**。障子枠のサイズの布を裏から画びょうで留めます。布用の両面テープでもOKです。

布ならかんたんには破けませんし、紙のようにのりで1枚1枚貼る手間もかかりません。汚れたら、洗ったり替えることもできます。

綿、麻素材で白や薄いベージュの無地なら、障子紙のイメージに近くなってやわらかい雰囲気。でもちょっと冒険して、色や柄のある布もいいですね。障子に北欧柄やリバティ柄の布が貼られていたら、遊び心満点の和室になります。

場所別のルール

あか抜ける「ペットのいる部屋」

「ペットがいるから、おしゃれな部屋はあきらめています」という人はけっこういます。

ここではペットも飼い主も、一緒に快適に過ごせる部屋づくりの工夫をお伝えします。

▼ペット用グッズは〝死角〟にまとめる

ペット用グッズは、ソファや棚の脇など、死角スペースに置きます。

ケージ、爪研ぎ、キャットタワー、トイレ、フード置き場など、ペット用のグッズはいろいろあります。これが目立つ場所にあると、そればかりが目に入ります。たとえば**リビングを入って対角のスペースに、ペット用のトイレがあったら要注意。**部屋の主役がペットのトイレになっているということです。

部屋の主役級アイテムを、フォーカルポイント（見せ場）に。ペットのグッズを、死角にまとめましょう。

ただ、おしゃれなキャットタワーなど、絵になるペット用グッズはあえて見えるところに置くのもよいですね。

毛対策は〝つるつる〟がキーワード

ペットの毛問題は、ペット愛好家のみなさんにとって永遠の悩みですよね。

とくに布製品にはどうしても毛がつきやすくなります。

ソファは、革、ポリエステル、ナイロンなどの素材を選んでみてください。つるつるした素材で、毛がつきにくくなります。

クッションやカーテンなどの布モノも〝つるつる〟をキーワードにして、探してみてください。

ペットがいても、壁なら飾れる

「ペットに倒されてしまうので、観葉植物を飾るときは棚のいちばん上のほう。もうほぼ見えません……」

切ないですね……。

花や植物は、ペットにとって有害な物質を含むこともあります。また小さいタイプは誤飲も心配ですね。

でも壁なら飾れます。

え？　壁に植物を飾る？　と思うかもしれません。

今、壁掛けタイプの観葉植物が増えています。ネット通販でもたくさん販売されていますが、おすすめは無印良品の〝壁に掛けられる観葉植物〟という商品です。ぜひ絵やポスター、写真同様、壁を利用して飾れるアイテムを積極的に取り入れてみてください。

▼ペットに合った床材や壁材を選ぶ

床材は、一般的にフローリングが人気。でもペットには滑りやすいのが欠点です。走り回っていると滑って、股関節や腰を痛めてしまうことがあるそう。床材を選ぶときは、なるべくペットが滑りにくくて、傷がつきにくいフローリング材を選ぶといいでしょう。

賃貸や中古の場合、まず犬や猫がどこを頻繁《ひんぱん》に行き来しているのかを観察します。その動線を中心に、ペット用の滑りにくいマットを敷くのが、手軽にできる対策です。

猫の場合、とくに問題になるのが爪研ぎ。「壁やソファがボロボロ」という悩みも多いでしょう。

爪研ぎ対策には、爪の届く高さに腰壁をつくります。

腰壁とは床から1.2m程度までの壁のこと。この高さに板やシートを貼ることで、壁に傷をつきにくくすることができます。木製パネルやシートなどネットでも購入可能。壁紙の上から両面テープで貼れるタイプもあり、賃貸でも大丈夫です。

爪でボロボロになったら、貼り直すことができるので安心です。

ソファで爪研ぎしてしまうなら、ソファに布を掛けておくことが対策になりますね。

家具は、白や薄い木の色の家具がおすすめです。黒やこげ茶色などの濃い色は爪跡が目立ちます。

場所別のルール
番外編

あか抜ける「水回り」

モノが多いうえに、生活感が出てしまいがちな「水回り」。知っておくと便利な、あか抜けるコツをまとめてご紹介します。これで、急なお客様が来ても大丈夫！

洗面所

➤ ボトルを変える。植物を飾る

洗濯用の洗剤やハンドソープなどのパッケージは、商品名やイラストがハデハデしくてイマイチ。すべて別のボトルに詰め替えるのがベストです。でも面倒ですよね。その場合は、ハンドソープだけ詰め替えてみてください。使用頻度が高くて、視界に入る回数が多いので、いちばん効果的です。色は白いボトルがおすすめです。洗面所にあふれるアイテムの色数を減らせて、すっきりします。さらに小さい観葉植物を置けば、クリーンでさわやかな洗面所が完成です。

➤ モノは「隠す」と「見せる」に分ける

歯ブラシ、歯磨き粉、ブラシ、かみそりなどの生活感の出るアイテムは、なるべく収納して隠しましょう。一方、綿棒、コットンはガラス瓶に入れて見えるように置くのがおすすめ。おしゃれアイテムになります。イメージはホテルやレストランの洗面所。まずは「見せるアイテムになるかどうか」を考えてみましょう。

トイレ

トイレにも見せ場をつくる

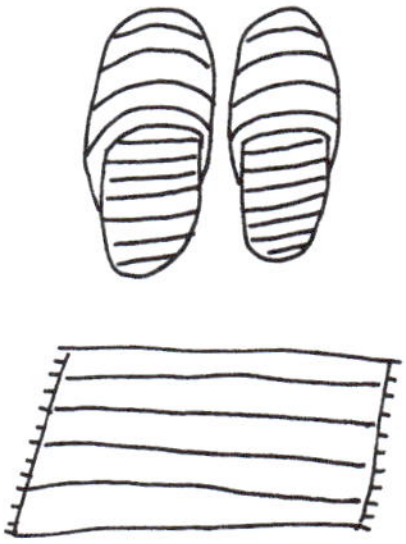

じつは来客がいちばんチェックしているスペースかもしれません。なぜならトイレは唯一1人きりになる場所だから。せまいスペースですが、トイレにもフォーカルポイント（見せ場）をつくります。入ってすぐ視界に入る正面がベスト。また、色付きの壁紙やウォールシールを貼って、壁自体をフォーカルポイントにしてもよいですね。

かごを収納に利用

トイレットペーパーはビニールパッケージのまま置くのは絶対にNG。収納スペースがないなら、かごに入れて布を掛けたり、ふた付きのバスケットに入れたりすると、雰囲気が変わります。

また、プラスチック製のトイレットペーパーホルダーを取り替えるとぐっとあか抜けます。シルバー、ゴールド、木、アイアンなど、いろいろな色や素材があります。

キッチン

▶ 色や素材をそろえる

食器は、色や素材をそろえて収納するとまとまります。たとえば白い食器のグループ、木の食器のグループ、ガラスのグループなど。SNSで見かける何気なく置いただけのように見えるおしゃれな食器棚には、こんなふうに共通点があるはずです。また、縦のラインを意識するのもポイントです。たとえば同じデザインのグラスは、横ではなく縦に並べます。すっきり見えて、選びやすくなりますよ。

▶ おしゃれなパッケージのモノは並べて見せる

普段使いの調味料や保存食は収納しておくのがベスト。なぜなら生活感がにじみ出てしまうから。一方、オリーブオイルやバルサミコ酢、トマト缶など、外国のおしゃれなパッケージの調味料や缶詰を、見えるところに置きます。ガラス瓶にシリアルやスパイスを入れて、ディスプレイするのもいいですね。見栄えのいいキッチンになります。

第4章

失敗しない購入のコツ

もし買い足すとしたら？
そんなときのために購入のポイントを伝授します。

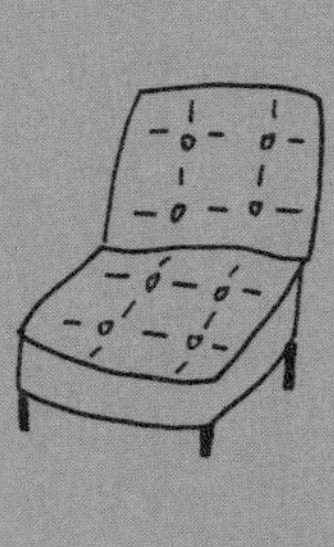

お金をかけるべきモノ、かけなくてよいモノがある

ここまで基本的には〝今あるモノ〟を中心にお話ししてきました。

でもいつかは買い替えのタイミングがやってくるもの。引っ越したり、家族の人数が変わったり、気分を変えたくなったり……。

この章では失敗しない購入について伝授いたします。

お金を出せば、上質でおしゃれなインテリアはいくらでも手に入ります。それは当たり前ですよね。でもすべてにお金をかけなくても、おしゃれな部屋をつくることはできます。

何ごとにも、力のかけどころと抜きどころがあるように、部屋づくりにも「お金の

かけどころ」があるのです。

では問題です。

インテリアでお金をかけたほうがいいアイテムはなんでしょうか？　3つあります。

ちょっと考えてみてください。

ソファ？　テーブル？　椅子？

答えは

❶カーテン

❷照明

❸小物

です。

ちょっと意外でしょうか？

ソファやダイニングテーブル、椅子はそれほどお金をかけなくても大丈夫。サイズ

（幅や高さ）が体に合っていて座り心地がよければＯＫ。家族の人数や年齢の変化とともに、新しいモノが必要になりますし、ソファカバーやテーブルクロスを掛ければ少々汚れや傷があっても見えなくすることが可能です。

それよりも予算内で安っぽい部屋にしないためにはこの3つにお金をかけましょう。

ではひとつずつ見ていきます。

❶カーテン

けっしてカーテンを高級輸入品にしてくださいと言っているわけではありません。窓のサイズに合ったカーテンにする。シンプルにそれだけです。

第2章でもお話ししましたが、どんなにいい生地のカーテンでも、長すぎたり短すぎたりすると安っぽく見えます。カーテンのサイズが合っていないだけで？ と思うかもしれませんが、部屋全体が野暮ったくなるのです。

なぜならカーテンは面積が広いから。視界に入る割合が多いので、ここがだらしないと、部屋全体がだらしなくなります。**予算が限られているなら、ここにお金をかけ**

るべきです。

オーダーで1窓1万円くらいの、比較的安価なカーテン専門店も増えていますよ。オーダーなんて……と気負わずに、一度検討してみてくださいね。

❷照明

照明については第2章、第3章でも熱っぽくお話ししたとおり、とても重要なアイテム。

カーテンの次にお金をかけるなら照明です。

照明そのもののサイズは、あまり大きくありませんよね。でも照明から出る明かりはどうでしょう？　その陰影が部屋全体に立体感を生んで広く感じさせたり、人の顔をきれいに見せたりと、じつは存在感のあるアイテムなのです。

天井に丸型のシーリングライトを1灯つけるだけではなく、ダイニングには吊り下げタイプ（ペンダントライト）やテーブルライト、フロアライトなどを加えてみてください。ぜひ、〝一室多灯〟をおすすめします。

❸小物

ここでいう小物とは、写真立て、置物、クッション、観葉植物、絵、花瓶など、飾るときに使うモノのことです。

これらのアイテムはけっして必需品ではありませんよね。だからこそ、お金をかけるべきなのです。なぜなら小物は〝見せる〟という役割があるから。

わざわざ見せるモノなのに全部チープなアイテムだと、いかにも「とりあえず置いてみました感」が強まります。でも全部にお金をかける必要なんてなし。安い小物がすべてNGというわけではありません。ポイントはミックスすること。最近は100円ショップでもおしゃれな小物がたくさんあります。

ちょっと奮発した小物を1個飾ったら、手頃な小物を1個足す。ミックスしながら第2章の法則を用いて飾ると、部屋がとてもあか抜けます。モノを飾って眺めると、忙しい毎日に少し余裕が生まれ、豊かな気持ちになりますよ。

失敗しないネットショッピング

ここではネットショッピングで失敗しない、購入のポイントをご紹介します。

❶サイズ

サイズはネットショッピングをするうえで、いちばんの難題。サイズを把握していても、いざ届くと「思ったより大きい！」となったことありませんか？

そこでより正しいサイズ感を認識するためのお**役立ちグッズが、マスキングテープ**です。アイテムのサイズをネットで確認したら、そのとおりにマスキングテープをカット。それを配置予定のスペースに貼っていきます。

すると、サイズ感が立体的にわかります。

今はＡＲ機能のついたＥＣアプリもあります。ポケモンＧＯのように、現実の風景にキャラが存在するのと同じ機能です。自分の部屋をスマホ画面で見ると、そこに購入しようとする家具がサイズどおりに出てくるので、置いた状態を確認できます。部屋に置いたときのサイズ感を目で見ることができるので、失敗もなくなりますね。

❷画像

「商品画像はよかったのに、届いてみたらなんか違う」を防ぐため、商品の全体画像だけでなく、細部や裏側のアップなど、さまざまな角度からの画像を確認しましょう。そういう**細かい部分まで、画像を掲載しているショップは信頼できます。**

❸口コミ

口コミ、レビューも必ず確認です。商品のメリット、デメリットが客観的にわかります。ネットショップのページにレビュー欄がない場合は、何か情報を投稿している人がいないか、ネット検索をしてみるのもいいですね。

❹サンプル

ソファやカーテンなどは、生地のサンプルを送ってくれるショップもあります。画面上で見るのと色が違うこともありますし、手ざわりは見るだけではわかりにくいもの。実際のサンプルを部屋に置いてみて確認するのがいちばん。サンプルの取り寄せが可能なショップなら、ぜひ利用してくださいね。

❺搬入経路と梱包サイズ

これはネット購入に限りませんが、大きなソファや組立てがないベッドやマットレスなどを購入する場合、搬入経路と梱包サイズは事前確認がマストです。

玄関、廊下、部屋の扉の幅と高さ、マンションの場合はエレベーターや外階段のサイズを確認しておかないと、「せっかく届いたのに入らない！」という悲しい事態に。

商品の詳細情報に梱包サイズが記載されています。実際の商品よりも一回り大きいサイズになっていることが多いので、こちらのサイズも必ず確認してください。

「ソファ」を買うなら

ソファはサイズが大きい。そして家具の中では金額も高いので、失敗したときのダメージが大きいですよね。買うべきサイズ、デザイン、素材を知って、快適な空間をつくりましょう。

サイズ

1人暮らし・2人暮らし：幅140～170㎝
ファミリー：幅170～200㎝

価格

10～30万円の価格帯がちょうどいい

価格は素材やデザインによってさまざま。その幅は5～300万円くらい。高額な商品は最高級の革が使われていたりします。デザイン、性能、価格、それぞれのバランスがもっともいいのが10～30万円の価格帯です。

デザイン

ソファはシンプルでOK

ソファはシンプルがおすすめ。**ベージュ系、茶系、グレー系の色なら失敗しません。**変化をつけたい、個性を出したいならクッションで。そのときの気分や季節によって、雰囲気を変えるのがかんたんです。

素材

アクリル、ポリエステルなどの合成繊維なら汚れにくい

どうしても張り地は汚れていきます。綿、麻、ウールなどの自然素材のみでなく、アクリル、ポリエステルなどの合成繊維が混ざったタイプのほうが汚れにくく、何かこぼしてしまっても水をはじく性質があります。

革のソファは高級感がありすてきですが、「夏はぺたっと肌にはりつく、冬は冷たい」と言う方もいるので、よく考えてから購入しましょう。

汚れが気になる人は、張り地がカバーリングタイプになっているソファがおすすめ。チャックやマジックテープがついていて、かんたんに着脱可能。汚れたらクリーニングに出せます。なかには自宅で洗濯できるタイプもあるので、神経質にならずにすみます。**メンテナンスを考えると、革よりもカバーリングの布製のほうがおすすめ**です。

「ダイニングテーブル」を買うなら

「家族も来客もリビングよりダイニングで過ごすことが多い」「食事だけでなくパソコンや勉強をすることもある」なら、ソファはなるべくコンパクトにして、ダイニングテーブルを大きくするといいですね。また来客が多い家庭には、エクステンションテーブルと呼ばれる伸長タイプのテーブルがおすすめ。サイズが伸び縮みして便利です。

サイズ

1人暮らし：70cm×70cm　75cm×75cm

2人暮らし・ファミリー：150cm×85cm

食事をする際の平均的なスペースは、１人あたり幅60㎝、奥行き40㎝。その数値をもとにダイニングテーブルはつくられています。

１人暮らしの場合、コンパクトな正方形がいいですね。最小は60㎝×60㎝ですが、少し余裕のある70㎝×70㎝、75㎝×75㎝が使いやすいです。

２人暮らしやファミリーなら、４人掛けの長方形が一般的。１人分の食事スペースに余裕分を加えた幅１３５〜１８０㎝くらいのほうが、ゆったりします。６人掛けなら幅２００㎝もあり。来客が多い家庭にはおすすめです。

奥行きは85㎝がゆったりしてよいでしょう。

高さは70〜72㎝が一般的。ただ海外のテーブルは、75㎝くらいが主流。以前コーディネートしたお宅で、輸入テーブルの高さが高く、脚を３㎝カットして納品したことがあります。ダイニングテーブルは毎日使う場所。**数センチの違いで使い勝手が変わるので、サイズにはこだわると失敗を防げます。**

また、椅子を引いたときの寸法も考慮しましょう。

価格

10～20万円がいちばん人気

1万円で買えるモノから100万円以上するモノまで幅広い価格帯です。テーブル板に大理石や天然木などの高級素材が使われていると高額になります。ダイニングテーブルは手が触れることの多いアイテムなので、〝手ざわり〟にこだわると満足度が高くなります。いちばん多く購入されているのは10～20万円くらいです。

デザイン

〝丸型〟よりも〝四角〟のほうがいい

長方形や正方形のテーブルは、壁にぴったりつけることができ、比較的コンパクトにおさまります。

丸型のテーブルは、人が輪になってあたたかい雰囲気になるのが魅力。でも椅子を引くと放射線状に広がるので、想定よりもスペースが必要です。広いダイニングスペースならおすすめですが、手狭なら避けたほうがいいですね。

「ダイニング用の椅子」を買うなら

ダイニングテーブルに合わせる椅子。第3章でもお伝えしたとおり、「すべて同じモノにそろえない」という選択もあります。2脚ずつそろえる、もしくは4脚すべてバラバラもあり。こなれたおしゃれ感が出ます。

サイズ

差尺28㎝を探せ

ダイニング用の椅子を購入するとき、注意したいのが差尺《さじゃく》。**差尺とは、テーブル天板から、椅子の座面までの差。**この差は27～30㎝がよいとされています。

レストランやカフェで、「ん？　なんか座り心地が悪いな」と思ったことはありませんか？　それはテーブルの高さに対して椅子が低い。もしくはテーブルの高さに対して椅子が高すぎるから起こる状態です。前者は差尺が大きい、後者は差尺が小さいということ。

差尺が大きいと、食事をするときに腕の位置が高く不自然な姿勢になります。小さいと、前かがみになり姿勢が悪くなるし、太もも部分が窮屈です。

私のおすすめは差尺28㎝。わが家のダイニングテーブルは高さ71㎝、椅子の座面高は43㎝。差尺は71㎝－43㎝＝28㎝。とても快適です。

テーブルと椅子がセットになったダイニングセットは、この差尺がきちんと考えられています。セットで購入しない場合、各座面高をチェックして、差尺が適切かどうかを必ず確認しましょう。

また椅子自体の幅も重要。

幅が広すぎるとダイニングテーブルの脚と脚の間に椅子が入らなかったり、隣との席の間がせますぎたりしてしまいます。４人掛けのダイニングテーブルで２脚並べる場合、**２脚分の幅に40～50㎝の余裕をプラスする**とゆったり座れます。

価格　テーブルよりも椅子に予算を

ダイニングテーブルと椅子。予算が限られているなら、どちらを優先すればいいのか悩みますね。椅子は人が座る家具なので、サイズや座り心地などを考えて上質なタイプがいいです。

一方、ダイニングテーブルはサイズが合っていればとりあえずよし……と考えると、気に入った椅子のほうに予算を優先すべきかと思います。

「テレビ台」を買うなら

テレビ台はテレビを置くだけではありません。ブルーレイ、DVDレコーダーなどのAV機器、ゲーム機、DVDなど、いろいろなモノを収納します。壁掛けタイプのテレビにする人も増えていますが、収納という点では、やはりあるほうが便利です。

サイズ

テレビ42型まで：幅120cm
テレビ55型まで：幅150cm

テレビを上に置く場合、テレビの大きさによって幅が決まります。**テレビ台の幅は**

おおよそ１２０㎝、１５０㎝、１８０㎝の３種類。

奥行き35〜45㎝、高さ40〜50㎝のテレビ台が見やすいです。

デザイン

熱の逃げ場があるかどうかをチェック

ブルーレイ、ＤＶＤレコーダー、ゲーム機を入れる部分は、ガラス扉のタイプと、扉のないオープンタイプがあります。オープンタイプのほうが金額控えめ。でもほこりがたまりやすいのが欠点です。

機器類はかなり熱を発します。扉を閉めて熱がこもると機器に悪影響が出ることも。テレビ台の上部や背面に、放熱用の穴が空いているタイプがおすすめです。

「ローテーブル」を買うなら

ここでいうローテーブルとは、ソファの前に置く低めのテーブルのことです。ただしこのローテーブル、ソファの前に必ず置かなくてはいけない決まりはありません。普段、リビングでどう過ごしているかを考えてみてください。リビングで過ごす時間が短いなら、なしでもOK。それに大きいローテーブルではなく、小さいサイズのサイドテーブルでもいいですね。

サイズ
ソファのサイズに合わせると失敗しない

ポイントはソファとのバランス。**ローテーブル単体で考えずに、ソファのサイズに対してどうか？** という考え方なら失敗しません。

ソファ2人掛けの場合 ⬇ 幅80㎝×奥行き50㎝ のローテーブル
ソファ3人掛けの場合 ⬇ 幅100㎝×奥行き50㎝ のローテーブル
高さ ⬇ ソファの座面高より少し低い33〜38㎝

サイドテーブルなら、40㎝×40㎝、50㎝×50㎝くらいがベスト。マグカップと本、リモコンなどを置くことができます。高さは45〜55㎝くらいがおすすめです。

価格 3万円くらいでおしゃれなタイプが手に入る

「ベッド」を買うなら

ベッドの選び方の基本は、自分の体に合ったサイズ、好みのサイズを選ぶこと。ベッドヘッド部分の色や素材で、部屋のイメージも変わります。

サイズ

高さ45cmが立ち上がりやすい

ベッドは幅によって名称が変わります。

シングルベッドは幅100cm、セミダブルベッドは幅120cm、ダブルベッドは幅150cm、クィーンベッドは幅170cm、キングベッドは幅200cmです。

種類は5つで、長さはどれも200cmくらい。これは基本的には自分の体に合ったサイズ、好みのサイズを選ぶのがベスト。

高さは床からマットレスまで30～50㎝が多く、45㎝くらいがいちばん立ち上がりやすくておすすめ。

ちなみに私は海外のホテルに宿泊すると必ずベッドの高さを測ります。するとだいたい70㎝くらい。日本のベッドとはかなり差があります。高さがあると高級感が出ますが、家では高すぎてしまうかもしれませんね。

価格　お金をかけるならベッドフレームよりも〝マットレス〟

ベッドフレーム（本体）と、ピンからキリまであるマットレスによって、価格が違ってきます。

マットレスは眠りにダイレクトに影響するので、できればこだわって選びたいもの。安いモノで2万円から。高級ホテル仕様なら50万円くらいのモノもあります。

フレームはそれほどお金をかけなくても大丈夫。フレームとマットレスで、あわせて20〜30万円くらいを購入する方が多いです。

その他

しっかりしたベッドフレームなら、買い替える必要はありません。時々ネジのゆるみがないかを確認するくらいで大丈夫。

でもマットレスは違います。メーカーの人いわくマットレスの寿命は「長くて10年」だそう。腰やお尻の中央部分がへたってくぼんでいる。きしんできた。よく寝たつもりなのに最近疲れが取れない。そんなときは買い替えどきです。ゆがんだマットレスは肩こりや腰痛、不眠の原因にもなります。

またマットレスの寿命を延ばすには、定期的に向きを変えたり裏返したりしましょう。いつも同じところに圧がかからないようにする。立たせて乾燥させる。これが長持ちの秘訣です。

「本棚」を買うなら

ブックシェルフといわれるオープンタイプ（扉がないモノ）が主流。天井近くまである背の高いタイプは、地震対策を考える必要があります。

サイズ

奥行き30～35㎝がいちばん使いやすい

幅と高さは各家庭に合わせたモノがベスト。サイズを測って選んでくださいね。ただし奥行きには失敗しないサイズがあります。奥行きがありすぎると使いにくいので、30～35㎝がおすすめ。A4サイズのファイル、大きめの洋書、アルバムなどが入ります。

その他

本棚は天井に届くくらいの高さがあると、収納量が多くて便利。ただ、地震による転倒防止、書籍の飛び出し対策が必要です。壁に固定するL字型器具をビスやネジで壁に固定するのがいちばん安心です。

ただ賃貸物件や壁に穴を空けるのが難しい場合は、転倒防止グッズを利用します。でも**白い棒状の突っ張り棒を使うのだけはやめてください**。どんなにおしゃれな部屋でも途端に野暮ったくなります。

今は棒ではなく、板で天井に突っ張る本棚一体型が人気。シンプルなので突っ張り部分が気にならず、オーダー製作したように床から天井までぴったりとおさまります。

また、落下防止テープもあります。見た目はセロハンテープのように半透明で、表面に特殊な加工がされています。本が入った棚の前端に貼ると、地震で本が滑り出してくるのを防ぐことができます。

「カーテン」を買うなら

前述のとおり、カーテンは部屋の印象をもっとも左右するアイテム。どんな色、素材、柄を選ぶかで、部屋の雰囲気ががらりと変わります。

サイズ

窓のサイズに合わせるのが絶対条件

くり返しになりますが、窓のサイズにぴったり合わせること。これがマスト中のマストです。

ちなみに〝ブレイク〟といって、わざと裾を長めに仕立てるスタイルがあります。防寒の意味もありますが、まるでドレスの裾が広がるようなエレガントな雰囲気に。私

カーテンの測り方

❶幅を測る

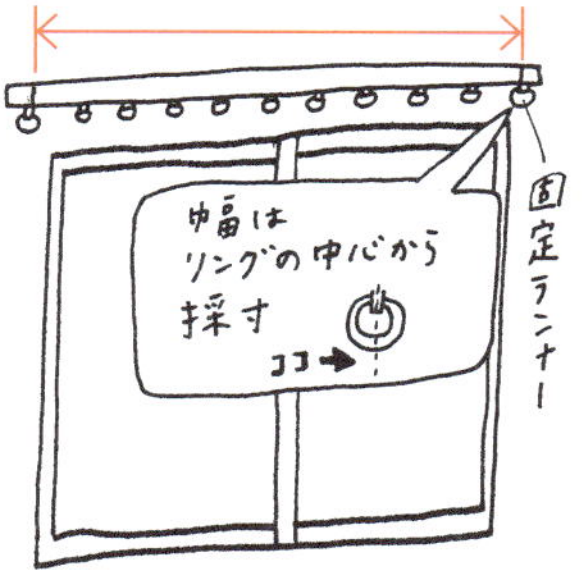

カーテンレールの左右端に固定ランナー（カーテンフックを引っ掛ける部分）がある。片方の固定ランナーの中心から、もう片方の固定ランナーの中心までを測る。

❷丈を測る

丈は、固定ランナーの輪の下から床までを測る。
はきだし窓の場合は、そこからマイナス1cm。レースカーテンはさらにマイナス1cm（合計マイナス2cm）にする。
腰高窓の場合は、窓枠からプラス15～20cmにする。

※はきだし窓：庭やベランダに接していて、出入りができる窓
※腰高窓：窓の下端が腰の高さ程度の窓

もたまに提案させていただくことがあります。……が、それは部屋のイメージとバランスを考えてのこと。計算しつくされた長さなのです。

価格 1窓1万円からつくれる

カーテンレールがついていれば、1窓1万円からつくれる場合もあります。ちなみに海外の高級ファブリック製なら、1窓で50万円くらいになることも。どこにどれだけお金をかけるかはそれぞれの価値観。でもインテリアコーディネーターの立場からいえば、やはりすてきな生地でカーテンをつくると美しく、日々の暮らしが楽しくなりますよ。

毎日眺める空間、たとえばリビング、ダイニングはお気に入りの上質なカーテン。ベッドルームのカーテンは金額を抑えるなど、メリハリをつけると取り入れやすいです。

デザイン

部屋に溶け込ませたいか、アクセントにしたいか

第2章でお話ししたように「部屋を広く明るく見せたい」場合は、白、ベージュ。カーテンを壁の色に合わせて部屋全体に溶け込ませます。

「個性的にしたい」場合は、大胆な色や柄のタイプに。その際、部屋に置いてある小物や絵と、最低1色は合わせると失敗しません。

その他

洗濯OKなら、フックをはずし、ヒダをたたんだ状態で洗濯ネットに入れます。手洗いコース、おうちクリーニングコースなどで洗いましょう。フックがついたままだと、洗濯中に生地に引っ掛かって傷むので、必ず取ります。

カーテンを干すときは、フックをつけてそのままカーテンレールに吊るせばOK。カーテンの重みで洗濯ジワが伸びますよ。乾燥機は生地の縮みにつながるので使わないほうがいいでしょう。

「ラグ」を買うなら

第2章の**ルール15**でもお話ししたとおり、ラグを足すと部屋の印象が変わります。ただ、サイズや色、柄が多種多様で、どう選べばいいのか迷ってしまいますよね。購入ポイントをお伝えします。

サイズ

ソファの幅よりも少し大きめが◎

一般的なラグのサイズは、小➡100㎝×140㎝、中➡140㎝×200㎝、大➡200㎝×200㎝。

基本的には、**ソファの幅よりも少し大きめのサイズが、バランスがよい**とされています。

テレビを見ながら床でごろごろする。子どもが床で遊ぶ。そんな家ではソファよりも大きく、リビングスペース全体に敷く200cm×200cmがおすすめ。

ソファの前にローテーブルを置く場合は、140cm×200cmのタイプ。

あまり広くない部屋で、2人掛けソファの前に敷く場合、100cm×140cmなら失敗しません。

長いほうをソファと平行になるように敷くとベストバランスです。

デザイン グレーやベージュ系の無地なら失敗しない

ポイントは
❶床の色に近いタイプにする
❷もしくは、ソファの張り地と同じ色にする
のふたつ。迷ったらグレーやベージュ系の無地にしましょう。

一方、柄ものや鮮やかな色のラグにすると、床面にインパクトが出て、空間が引き締まります。

柄ものラグの選び方は、ほかのアイテムと色を合わせること。共通点を見出す考え方と同じです。ソファ、カーテン、クッションなどと同じ色が入っていれば、ラグだけが浮いてしまうことがありません。

またラグは四角だけでなく、いろんな形があります。角がない円形や楕円形にするとやわらかい印象になりますよ。子どもが過ごすスペースにぴったりです。

「照明」を買うなら

照明は〝一室多灯〟にしましょうとお話ししてきました。

すでに天井にシーリングライトがあるお宅が多いと思います。そこにまずは1個、照明を足してみてください。**追加で購入するなら、おすすめはクリップライトかテーブルライト**。1万円以下でデザインもおしゃれなタイプが多くあります。イメージに合わせて選び、ぜひ部屋に追加してみてください。

ダイニングテーブルを置きたい場所に照明がない場合は、簡易取り付けダクトレールがおすすめです。複数の照明をレールの上の好きな場所に取り付けられる便利グッズで、ネットでも購入できます。かんたんに取り付けられて特別な工事は必要ありません。スライドするので、家具の位置に合わせて照明を移動できます。

「掛け時計」を買うなら

壁に取り付ける掛け時計。何を選んだらいいか、一度は迷ったことのある人、多いのでは。気に入って買ってきても「あれ？　なんか大きい」「部屋の雰囲気に合わない」「えっ、子どもっぽい？」などと、掛け時計ひとつで残念な部屋になってしまうことも。

掛け時計はあか抜けた部屋を完成させるための、大切な仕上げです。

サイズ

8畳なら直径26㎝。20畳なら直径30㎝

想定しているより少し小さめを選んだほうがおしゃれです。

合うかどうか心配なときは、購入前に新聞紙などを時計のサイズに切って、位置や大きさをシミュレーションしてみるといいですね。

海外インテリアの写真などを見ると、時計を主役にした部屋があります。わざと大きな掛け時計を部屋の中心に取り付けていておしゃれ。でもそれはかなり上級テクニックです。

まずは部屋の広さに合った大きさの時計を掛けてみましょう。

おすすめ SHOP LIST

家具

カッシーナ・イクスシー	イタリアの高級家具メーカー
アルフレックス ジャパン	上質なモダンファニチャーのトップメーカー
アクタス	シンプルで洗練された家具や小物が手に入る
ノイエス	ソファ専門店。手頃な価格で品質もよい
イデー	遊び心のあるデザインの家具や小物がそろう
サラグレース	エレガントで洗練された家具や小物がそろう
ヘイ	注目の北欧ブランド。手頃な価格でハイセンスな家具や小物が人気
ハーマンミラー	イームズチェアなどデザイナーズ家具が豊富
家具蔵（かぐら）	木のぬくもりがあたたかい無垢材の家具を探すなら
マルニ木工	匠の技が生み出す美しい木工家具が魅力
カンディハウス	旭川家具の中心的存在。高品質な木の家具が手に入る
カルテル	イタリアのプラスチック家具メーカー。エッジの効いたデザイン
モーダ・エン・カーサ	手頃な価格でトレンド感のあるモダン家具や小物が手に入る
日本ベッド	ベッドフレームからマットレス、ベッドリネンが豊富
クラッシュゲート	ビンテージやインダストリアルな男前インテリアを探すなら
ジャーナルスタンダード ファニチャー	ファッションブランドのインテリアショップ
モモ ナチュラル	ほっこりするシンプルでナチュラルな家具や小物がそろう
キノ	大人かわいい家具や小物が欲しいときに
無印良品	シンプルで飽きのこないデザインが魅力
イケア	スウェーデン発。カラフルで楽しいデザインの家具や小物が豊富
ニトリ	住まいに関するあらゆるモノがそろう

小物

ザ・コンランショップ	テレンス・コンラン氏が世界中から厳選したハイセンスなアイテムがそろう
フランフラン	手頃価格でトレンド感のあるかわいいアイテムが手に入る
ザラホーム	ファッションブランド「ザラ」のインテリアショップ
東京堂	リアルなアーティシャルフラワー（造花）・プリザーブドフラワーが豊富
メゾン・ドゥ・ファミーユ	フレンチシックな家具や小物が手に入る

カーテン

フィスバ	スイスの高級ブランド。上質なファブリック類を探すなら
マナトレーディング	海外のメーカーなど上質なファブリックや壁紙を扱う。オリジナル商品もすてき
サンゲツ	カーテンや壁紙などを総合的に扱う、インテリア業界の最大手メーカー
川島織物セルコン	カジュアルからクラシックまで、豊富に取り扱うメーカー

照明

ルイスポールセン	北欧を代表するメーカー。機能的で美しい光の照明
フロス	イタリア発。スタイリッシュでモダンな照明
トム・ディクソン	イギリス発。独創性のあるデザインの照明
ディクラッセ	手頃な価格でデザイン性豊かな照明がそろう

時計

タカタレムノス	シンプルでおしゃれなデザインが多い
渡辺力	日本を代表するプロダクトデザイナー。シンプルで見やすい時計が人気
ジョージ・ネルソン	カラフルなサンバーストクロックやボールクロックが有名

著者 荒井詩万（あらい・しま）

インテリアコーディネーター。

CHIC INTERIOR PLANNING主宰。

日本女子大学家政学部卒。フリーランスのインテリアコーディネーターとして、「友人宅の椅子をひとつ選ぶ」ことからキャリアをスタート。個人邸のコーディネート、リフォームなど150件以上を手がける。使いやすいプランニング、細やかな収納計画、美しい配色にこだわった、住まう人の暮らしに寄り添う心地よい空間づくりが人気。インテリアスクールや大学の講師としても活躍。その他、さまざまなセミナーや自宅でのインテリアレッスンなどを通して、今まで4000人以上にインテリアのノウハウを伝える。

NHK教育テレビ「資格☆はばたく」、テレビ東京「インテリア日和」、日本テレビ「スッキリ!」など、テレビ出演も多数。

第45回神奈川建築コンクール優秀賞受賞
キッズインテリアコンテスト協会賞受賞
平成28年度 住まいのインテリアコーディネーションコンテスト特別審査員賞受賞
第3回モダンリビング スタイリングデザイン賞大賞受賞

ウェブサイト：http://chic-interior.net/

今あるもので「あか抜けた」部屋になる。

2019年2月15日 初版発行

著者 荒井詩万
デザイン chichols
DTP 菊田肇
イラスト ミヤタチカ
校正 ぷれす
編集協力 円谷直子
広報 岩田梨恵子、南澤香織（サンクチュアリ出版）
営業 津川美羽、吉田大典（サンクチュアリ出版）
編集 宮﨑桃子（サンクチュアリ出版）
発行者 鶴巻謙介
発行・発売 サンクチュアリ出版
〒113-0023 東京都文京区向丘2-14-9
TEL 03-5834-2507
FAX 03-5834-2508
URL http://www.sanctuarybooks.jp/
E-mail info@sanctuarybooks.jp

印刷・製本 中央精版印刷

サンクチュアリ出版＝本を読まない人のための出版社

はじめまして。サンクチュアリ出版・広報部の岩田梨恵子と申します。
この度は数ある本の中から、私たちの本をお手に取ってくださり、
ありがとうございます。…って言われても「本を読まない人のための
出版社って何ソレ??」と思った方もいらっしゃいますよね。
なので、今から少しだけ自己紹介させてください。

ふつう、本を買う時に、出版社の名前を見て決めることって
ありませんよね。でも、私たちは、「サンクチュアリ出版の本だから
買いたい」と思ってもらえるような本を作りたいと思っています。
そのために"1冊1冊丁寧に作って、丁寧に届ける"をモットーに
1冊の本を半年から1年ほどかけて作り、少しでもみなさまの目に
触れるように工夫を重ねています。

そうして出来上がった本には、著者さんだけではなく、編集者や
営業マン、デザイナーさん、カメラマンさん、イラストレーターさん、書店さんなど
いろんな人たちの思いが込められています。そしてその思いが、
時に「人生を変えてしまうほどのすごい衝撃」を読む人に
与えることがあります。

だから、ふだんはあまり本を読まない
人にも、読む楽しさを忘れちゃった人たち
にも、もう1度「やっぱり本っていいよね」
って思い出してもらいたい。誰かにとって
の「宝物」になるような本を、これからも
作り続けていきたいなって思っています。

『今あるもので「あか抜けた」部屋になる。』読者アンケート

本書をお買上げいただき、まことにありがとうございます。
読者サービスならびに出版活動の改善に役立てたいと考えておりますので
ぜひアンケートにご協力をお願い申し上げます。

■本書はいかがでしたか？　該当するものに○をつけてください。

最悪	悪い	普通	良い	最高
★	★★	★★★	★★★★	★★★★★

■本書を読んだ感想をお書きください。

※お寄せいただいた評価・感想の全部、または一部を（お名前を伏せた上で）
弊社HP、広告、販促ポスターなどで使用させていただく場合がございます。
あらかじめご了承ください。

▼ こちらからも本書の感想を投稿できます。▶

https://www.sanctuarybooks.jp/review/

弊社HPにレビューを掲載させていただいた方全員にクオカード（1000円分）をさしあげます。

切手を
お貼り下さい

113-0023

東京都文京区向丘2-14-9

サンクチュアリ出版

『今あるもので「あか抜けた」部屋になる。』
読者アンケート係

ご住所 〒□□□-□□□□	
TEL ※	
お名前	男 ・ 女 （ 歳）
ご職業 1 会社員 2 専業主婦 3 パート・アルバイト 4 自営業 5 会社経営 6 学生 7 その他	
■サンクチュアリ出版のメルマガを希望される方はこちらにメールアドレスをご記入ください。※	

お名前・ご住所などの個人情報は、読者プレゼントの発送のみに使用し、その目的以外に使用することはありません。

※確認のご連絡をさせていただく場合がございますので、必ず電話番号もしくはメールアドレスどちらか一方の記載をお願いします。

弊社HPにレビューを掲載させていただいた方全員にクオカード（1000円分）をさしあげます。